AGIR ET PENSER COMME Harry Potter

Direction éditoriale : Stéphane Chabenat
Éditrice : Zoé Laboret
Conception graphique et mise en pages : Nord Compo
Conception graphique de la couverture : olo.éditions

Les Éditions de **l'Opportun**
16, rue Dupetit-Thouars
75 003 Paris
www.editionsopportun.com

CARLA SCHIAPPA-BURDET

AGIR ET PENSER COMME Harry Potter

Les Éditions de l'Opportun

À mes enfants,

Raphaël, mon Rafi Potter, c'est toi qui m'as entraînée dans l'univers de Harry ! Tu es devenu un vrai expert. Merci pour ta relecture attentive, tu mérites un « Optimal »…

Léona, ma belle et grande, avec toi pas de doute, c'est Hermione qui t'inspire… Un vrai duo de choc avec ton frère ! Ton envie de toujours faire mieux te poussera à faire de grandes choses… 50 points !

Olivia, ma poupée : ta gentillesse, ton altruisme mais aussi ta vivacité et ta détermination font de toi une vraie Gryffondor ! 50 points !

À mon mari,

Merci d'être l'épaule sur laquelle je peux toujours m'appuyer, je t'aime… après tout ce temps… toujours.

SOMMAIRE

INTRODUCTION

Harry Potter est LA saga littéraire moderne à cheval sur nos deux siècles : le XXe siècle, dans lequel son intrigue se place et qui a vu naître nombre de ses lecteurs, et le XXIe siècle, qui a jalonné la sortie de la majorité des tomes. Entre la sortie du premier livre *Harry Potter à l'école des sorciers* (1997) et du dernier film *Harry Potter et les Reliques de la Mort, partie 2* (2011), treize années se sont écoulées ; sept tomes, trois mille quatre cent vingt-quatre pages, durant lesquelles les *Potterhead* ont grandi avec Harry, Ron et Hermione. On a adoré détester Drago ou se moquer de Neville. On s'est imaginé déambuler sur la voie 9 ¾, au Chemin de Traverse ou dans les couloirs de Poudlard. On a placé dans notre langage courant le Quidditch, le Choixpeau, le Nimbus 2000.

Un véritable univers parallèle s'est créé. Les fans de la première heure ont grandi, ont vieilli, sont parfois devenus parents et ont pu à leur tour transmettre leur « *Potterhead culture* » à la nouvelle génération. De toute manière, on a tous encore onze ans et on attend tous notre lettre d'admission pour Poudlard. La temporalité a transfiguré Harry Potter, qui est devenu une œuvre intergénérationnelle, un classique de la littérature et du cinéma.

La littérature, le cinéma, parlons-en ! Tout comme pour *Le Seigneur des anneaux* ou encore *Game of Thrones*, il existe une véritable dichotomie entre la *team* livres et la *team* films. De nombreux fans de Harry Potter ont découvert en premier lieu les livres, puis ont vécu comme un feu d'artifice leur mise en son et lumière. Pour certains cinéphiles, leur passion pour Harry Potter fut l'occasion de se plonger dans un pavé littéraire qui aurait pu les effrayer de prime abord. Cette bascule vers l'écrit s'est parfois accompagnée d'un parent ou d'un professeur *Potterhead*, qui a su percevoir la richesse des ouvrages de J. K. Rowling. Quelques-uns, les puristes, ont du mal à supporter le chevauchement de deux versions différentes (le livre ou le film) et ne voient que les différences et libertés prises par le cinéma sur le texte originel, à l'image d'un ouvrage sacré qui aurait été traduit en une langue moderne.

Je tiens à m'excuser directement auprès des puristes, je ne suis pas une *Potterhead* académique : je passe du livre au film sans scrupule. Je peux me faire un marathon des films ou choisir un DVD « au pif » selon l'envie du moment, je regarde le film en version originale en m'amusant des écarts de traduction avec la version française que je connais par cœur, je lis un chapitre en regardant la scène correspondante sur la télé. Bref, je me vois comme une *Potterhead* butineuse, j'ai appris à naviguer d'une version à l'autre sans pour autant les graduer (il faut bien garder à l'esprit que J. K. Rowling avait un poids considérable sur la réalisation des films !).

Peut-être avez-vous déjà, au cours de votre adolescence ou plus récemment, été confronté à un sourire mesquin ou un regard méprisant à l'annonce de votre passion pour Harry Potter. Il faut dire que Harry Potter a trop longtemps souffert de son image de *High School Thema*, d'une fiction qui se déroule dans un lycée et qui met en scène des jeunes, comme *Scream, American Pie* ou encore *Glee*. Certains s'imaginaient que ce n'était qu'un trio d'adolescents amis dans un établissement scolaire, et qui font de la magie. Ce qui serait terriblement réducteur – et terriblement dommage ! Que vous ayez dix, trente ou cinquante ans, que vous collectionniez les baguettes ou les Nimbus 2000, que vous portiez une écharpe rouge et or ou une cravate vert et argent, que votre chat s'appelle Miss Teigne ou votre rat Croutard, que vous prononciez « LeviÔsa » et pas « LeviosÂ », que vous ayez un tatouage du vif d'or ou des Reliques de la Mort… vous pouvez être fier d'être un *Potterhead* !

Les raisons du succès de Harry Potter sont multiples et nous n'aurons pas le temps de les détailler toutes ici. La complexité des personnages et la finesse du scénario y sont sûrement pour beaucoup. Les différents niveaux de lecture de Harry Potter et les très nombreux univers de référence sur lesquels le récit prend appui y sont également pour beaucoup : Harry Potter fourmille de références antiques et mythologiques comme par exemple Touffu, le chien à trois têtes, Fumseck le phénix de Dumbledore, le labyrinthe dans le Tournoi des Trois sorciers. Les références historiques apportent également une autre dimension à la lecture : on peut voir un parallèle entre l'idéologie nazie, le totalitarisme et Voldemort. L'armée de Dumbledore représenterait un groupe de résistants tentant de renverser la puissance obscure, Dolores Ombrage serait chargée de l'endoctrinement des masses au détriment du libre arbitre et de l'esprit critique, et les disciples de Voldemort mettraient en œuvre la solution finale visant à exterminer les personnes qui ne sont pas de « sang pur »[1]. Bref, tout ça pour dire que la lecture d'Harry Potter, ça se prend au sérieux ! Et qu'il faut savoir lire entre les lignes…

Harry Potter est devenu un emblème de la culture britannique : par sa description d'une société stéréotypée à travers les Dursley, par la satire des institutions et du système politique, mais également grâce aux représentations de l'inconscient collectif du pensionnat anglais ou de l'architecture britannique. Harry Potter est devenu un ambassadeur de l'Union Jack, plus médiatique que la reine elle-même. Enfin, le récit d'Harry Potter propose de nombreuses références philosophiques qui alimentent le débat et les choix de vie auxquels le héros est confronté : Sénèque, Épictète, Descartes, Spinoza, Nietzsche, Sartre, sont autant de philosophes qui accompagnent Harry Potter à travers leurs réflexions sur le Bien et le Mal, la force d'esprit, la conscience, le libre arbitre, la liberté. Dumbledore, évidemment, est le philosophe par essence. Tels Socrate et Platon, Harry est son disciple (on pourrait tout à fait trouver dans la

1. Pour aller plus loin, lire : Damien BRIDONNEAU, *Harry Potter et l'histoire*, Éditions de l'Opportun, 2021.

bibliothèque de Poudlard l'ouvrage *Apologie de Dumbledore* par Harry Potter !).

C'est certainement cela qui a permis d'accompagner les lecteurs depuis plus de vingt ans : comme *Le Petit Prince* ou *La Guerre des boutons*, ce sont des œuvres a priori destinées au jeune public, mais dont le lecteur peut s'emparer à tout âge de la vie, et dont il fera une lecture différente. Harry Potter est devenu un récit incontournable qui parle à un public très varié, mais aussi à un public uni, car il rassemble et questionne les valeurs universelles de nos sociétés : la vie et la mort, le pouvoir et la peur, l'amitié et le courage, le Bien et le Mal, la réalité et le rêve… Harry Potter n'a pas trouvé un lectorat, il a trouvé *son* lectorat : traduit en plus de quatre-vingts langues à travers deux cents pays, on considère qu'en moyenne un habitant sur quinze dans le monde possède un exemplaire d'un livre du héros aux lunettes rondes.

Depuis *Harry Potter à l'école des sorciers*, en 1997, la société occidentale a profondément changé : le 11 septembre a rebattu les cartes de l'équilibre mondial, le tout internet a créé une société de l'immédiateté, du paraître, du toujours plus, du zapping… Face à tout cela, lire Harry Potter est presque considéré comme un acte de rébellion !

Pour autant, Harry Potter ne peut pas être présenté comme un prophète à suivre aveuglément ou un modèle à imiter : il a lui aussi ses propres failles et ses propres démons. Harry devrait être vu comme un maïeuticien dans son sens littéral (c'est-à-dire qui pratique l'art d'aider à accoucher) : il n'est pas là pour donner des réponses toutes faites, mais pour aider à s'interroger sur ses propres comportements. C'est ce que propose modestement cet ouvrage : vous décrypter de façon ludique les actions et pensées de Harry Potter au fil des livres et des films et vous aider à les transposer dans quelques situations de votre vie quotidienne, certes moins trépidantes mais bien réelles !

« Harry, j'aimerais que tu m'écoutes attentivement.
Tu n'es pas quelqu'un de mauvais.
Tu es quelqu'un de très bien à qui de mauvaises choses sont arrivées (...). Nous avons tous en nous et la lumière et l'ombre. Ce qui compte, c'est ce à partir de quoi nous décidons d'agir.
C'est cela qui nous définit vraiment. »

– Sirius Black à Harry,
Harry Potter et l'Ordre du Phénix (2007)

Harry fait preuve de résilience

« Par moment, j'oublie combien tu as grandi.
Par moment, je vois encore
le petit garçon dans le placard. »

– Dumbledore à Harry,
Harry Potter et le Prince de Sang-Mêlé (2009)

La toute première scène du premier film de la saga, *Harry Potter à l'école des sorciers,* illustre l'abandon d'Harry alors qu'il n'est encore qu'un bébé. Dumbledore, vêtu d'une longue cape violette et le professeur McGonagall, sous la forme de son animagus de chat, déposent en pleine nuit l'enfant devant une maison de Privet Drive et disparaissent. Il y a des façons plus joyeuses de débuter son existence…

La mort des parents de Harry, assassinés par Voldemort alors qu'ils tentaient de le protéger, est un drame et sera le fil conducteur de toute l'intrigue. Ses parents, James et Lily Potter, feront des interventions ponctuelles grâce à la magie dans quasiment chaque tome, de façon de plus en plus prononcée. Par exemple, dans *Harry Potter à l'école des sorciers,* c'est devant le miroir du Risèd (miroir du désir), que Harry a une vision dans laquelle il voit ses parents : « Pour la première fois de sa vie, il avait sa famille devant les yeux. Quelque chose lui faisait mal à l'intérieur de son corps, comme un mélange de joie et de tristesse. »

Ce qu'il désire le plus est une chose toute simple, mais inaccessible pour un orphelin : être en compagnie de sa famille. Lors de sa troisième année, la mort de ses parents lui parvient par l'intermédiaire des Détraqueurs. L'année d'après, l'ombre de ses parents le sauve une nouvelle fois de Voldemort et l'aide à s'échapper. Plus tard, il revoit à plusieurs reprises des souvenirs de sa famille grâce à Severus Rogue et à la Pensine. Dans le dernier volet, Lily et James Potter sortent de la Pierre de Résurrection pour l'aider. Ces apparitions n'effacent pas son chagrin, mais l'aident peut-être, les années passant, à accepter la situation.

Le terme de résilience est employé à l'origine pour un type de métal qui, après avoir subi une transformation, retrouve son état initial. C'est la capacité d'un individu à surmonter les chocs traumatiques qu'il a vécus. Dexter, personnage de série télévisée américaine[1] interprété par Michael C. Hall, est un autre héros torturé, témoin de la mort violente de sa mère dans sa petite enfance. Il est adopté par un officier de police de Miami qui perçoit son traumatisme et ses pulsions meurtrières, pulsions qu'il lui apprend à réfréner. Il devient expert en médecine légale, spécialisé dans l'analyse des traces de sang. Il n'a cependant pas réussi à se libérer de ce traumatisme qu'il a refoulé, puisque Dexter devient tueur en série. On peut dire qu'il n'a pas réussi à aller au bout du processus de résilience.

Après la mort de ses parents, Harry bébé est donc confié à son oncle et sa tante, les Dursley, des Moldus qui vont en faire leur souffre-douleur. Dudley, cousin de Harry du même âge, croule sous les marques d'affections et les cadeaux (trente-sept cadeaux pour son onzième anniversaire !) tandis que Harry doit faire toutes les tâches ménagères, servir le petit-déjeuner et se laisse humilier. Aussi, il doit rester dans sa chambre et faire comme s'il n'existait pas… Chambre qu'il ne rejoindra d'ailleurs qu'à partir de son entrée à Poudlard, puisqu'il n'était logé jusqu'à ses douze ans que dans une petite pièce

1. *Dexter* (Showtime, 2006-2013).

qui lui était réservée, le très fameux « placard sous l'escalier, 4 Privet Drive ».

Malgré le traumatisme de la perte de ses parents et son enfance malheureuse, Harry ne se lamente pas sur son sort et reste solide. Il décide de prendre ses distances avec les Dursley après l'incident de la tante Marge (au début du volet *Harry Potter et le Prisonnier d'Azkaban*). Cela le mettra tout de même quelques fois en difficulté comme pour faire signer l'autorisation parentale permettant d'aller se promener à Pré-au-Lard. Mais cette distance sera finalement nécessaire à son affranchissement.

Les Weasley, la famille de son ami Ron, le prendront sous leur aile et lui offriront un foyer : grâce à eux, il découvre les règles de vie des sorciers (la voie 9 ¾, la pendule magique, les voitures volantes…) mais aussi la vie de famille tout court et les joies d'une grande fratrie qu'il n'avait jamais connues jusqu'ici. Molly en particulier prendra grand soin de Harry tout au long de la saga et sera presque comme une mère de substitution pour lui (elle finira d'ailleurs par être sa belle-mère).

Harry a survécu à la mort de ses parents et aux maltraitances qu'il a subies. Plutôt que de l'abattre, ces épreuves ont forgé sa personnalité. Chaque événement douloureux, de la petite mauvaise nouvelle au choc le plus traumatique, va constituer la personne que nous sommes et faire partie de nous bon gré mal gré. Il ne s'agit pas de vouloir oublier, d'effacer ou de vivre dans le déni, mais au contraire d'accepter, d'intégrer, d'assimiler, et d'en tirer une force. L'être humain est une accumulation de vécus, d'expériences, qui doivent être pris en compte de façon globale et pas un par un. À la manière d'un kaléidoscope, peut-être que l'une des couleurs proposées est plus sombre ou qu'une composante du kaléidoscope est abîmée, mais c'est bien le tableau dans son ensemble qui est agréable à regarder.

Mettre des mots sur les blessures aide à prendre du recul par rapport aux événements douloureux : cela peut être par l'intermédiaire d'une thérapie chez un psychologue ou par une lettre. Le simple fait d'avoir couché ses douleurs sur le papier peut contribuer à s'en libérer. Le courrier peut être destiné à vous-même ou à la personne qui vous a blessé, vous n'avez même pas besoin de la communiquer au destinataire, elle peut finir archivée ou même brûlée. Il s'agit de littéralement se libérer du poids que l'on porte au fond de nous.

La résilience passe aussi par la réappropriation de son corps. Notre corps nous envoie souvent des messages : mal de dos, migraines, nœuds au ventre… Il enregistre les souffrances et les douleurs, il est parfois le cœur même du traumatisme vécu et il est donc important d'apprendre à l'écouter. Des exercices de respiration de type sophrologie permettent de connecter son corps et son esprit afin de retrouver un rythme cardiaque plus régulier et apaisé. Le yoga, notamment des postures d'équilibre comme le guerrier ou l'arbre, aide à reprendre le contrôle de son corps et à vider son esprit. Pour se sentir bien dans son corps, rien de tel que les soins de bien-être (massage, esthétique, spa) : vous avez le droit de prendre soin de vous, et se sentir bien dans son corps contribue à se sentir bien dans sa tête. Enfin, l'exercice physique tels que la marche, la natation, le vélo, remet les idées et place et permet de libérer de l'ocytocine, hormone naturelle antistress.

Les plus grands écrivains et artistes sont réputés pour être des personnalités torturées : la fibre artistique puise ses ressources dans la résilience, alors n'hésitez pas si vous voulez vous lancer dans la composition musicale, la création plastique ou l'écriture : l'écriture de fiction permet cette liberté de s'inspirer de sa propre réalité pour la réécrire, la modifier et créer un nouvel univers.

On sait que J. K. Rowling était dans une période très délicate lors de l'écriture du premier roman et traversait des difficultés personnelles. Cela peut expliquer qu'elle ait choisi d'écrire autour d'un personnage complexe avec une grande force de résilience, comme pour s'en inspirer et puiser sa force auprès de son héros.

Conseil de Potterhead. *Acceptez votre passé comme une partie intégrante de vous pour mieux vivre votre présent !*

« Tu appelles ça jeter un sort ? Avoue que ce n'est pas une réussite ! Je n'ai jeté que quelques sorts faciles, ça a marché à chaque fois... Par exemple... **OCCULUS REPARO** !.... Nom d'une chouette, tu es Harry Potter... »

– Hermione,
Harry Potter à l'école des sorciers (2001)

Harry n'a pas un sens inné de la mode

« Vous n'avez rien d'un peu plus classe ? »

– *Harry Potter et les Reliques de la Mort, partie 2* (2011)

Si Harry Potter brille par son courage et sa détermination, il faut avouer qu'il ne nous éblouit pas par son style vestimentaire : t-shirts lâches, chemises à carreaux, jeans trop grands... Du temps où il vivait chez les Dursley, Harry héritait fréquemment des habits trop petits de Dudley (il faut dire qu'ils n'avaient pas tout à fait le même gabarit !). On peut donc mettre son manque de style sur le compte de ses faibles moyens financiers.

L'arrivée de Harry à Poudlard va lui permettre de délaisser un peu ses chemises usées et de se fondre dans la masse grâce au port imposé de l'uniforme. Il adoptera le code couleur de la maison Gryffondor, rouge et or, à travers des cravates, des chaussettes et autres vestes siglées. Pas de marques ou de signes ostentatoires pour Harry, l'insigne Gryffondor lui suffit. Un des rares moments où on le voit très *looké* est le traditionnel bal de Noël du Tournoi des Trois Sorciers (*Harry Potter et la Coupe de feu*) : Harry porte un costume et une lavallière, mais il est tout de même moins à plaindre que son ami Ron qui hérite d'un costume en velours des plus loufoques.

À l'instar de Gaston Lagaffe avec son pull col roulé vert ou de Lucky Luke avec ses bottes et son chapeau, Harry a marqué son style grâce à une pièce maîtresse qui l'identifie de façon instantanée : les lunettes. Loin des montures stylées des Blues Brothers ou des Men in Black, Harry porte de petites lunettes rondes ringardes à la John Lennon, qui lui valent parfois le surnom moqueur de « binoclard » de la part de quelques élèves de Serpentard. Les lunettes sont le reflet de sa personnalité et font partie intégrante du personnage : Sibylle Trelawney, Mimi Geignarde ou encore Rita Skeeter n'ont pas du tout le même type de monture.

Nous voyons Harry grandir au fil de la saga, de sa préadolescence à l'âge adulte, et il reste pourtant très classique : pas de tatouage ni de piercing ou encore de coupes de cheveux de footballeurs.

C'est tout juste s'il commence à oser le sweat à capuche dans le sixième tome, en restant tout de même sur des couleurs très classiques et british comme le bordeaux ou le kaki. Le look de Harry est donc très classique et même basique pour ne pas dire… plan-plan.

Comme Harry, vous n'avez sûrement pas besoin d'être couvert de vêtements de marques hors de prix ou d'être tiré à quatre épingles pour exister. Vous avez des missions bien plus importantes que faire du shopping, comme savoir qui a ouvert la Chambre des secrets, remporter la coupe du Tournoi des Trois Sorciers ou trouver les Reliques de la Mort. L'apparence n'a pour vous pas d'importance et l'image que vous renvoyez ne passe pas par les vêtements.

Si vous n'avez pas un goût prononcé pour la mode ou simplement pas de temps à y consacrer, choisissez quelques pièces passe-partout qui s'accorderont ensemble : à partir d'une base neutre comme un jean, choisissez quelques basiques que vous aurez plaisir à porter. Selon la journée que vous allez passer, votre tenue doit s'accorder à la réunion de travail du jour, les courses après le travail, l'apéro entre amis. Alors autant miser sur des classiques chics mais simples et des couleurs neutres.

Pour respecter l'environnement et éviter la surconsommation, privilégiez la qualité à la quantité : préférez des matières nobles comme le lin, le velours ou le coton, des coupes ajustées, de belles finitions. Pour qu'une tenue soit harmonieuse, il ne faut pas porter plus de trois couleurs. Pour savoir si ce sont plutôt les couleurs chaudes (rouge, jaune, orange) ou les couleurs froides (vert, bleu, violet) qui vous vont le mieux, il suffit de placer un grand tissu devant vous et de regarder comment votre teint, votre visage réagit à la couleur. Il faut également limiter les motifs à un seul par tenue, mais si vous ne deviez avoir qu'un seul motif dans votre placard, ce serait évidemment le tartan, ces carreaux écossais rouge et vert.

Pour compléter un look de base et dynamiser un style passe-partout, finalisez votre tenue avec une pièce originale qui sera votre marque de fabrique : sneakers vintage très colorées, chapeau stylé trilby ou panama, accessoires high-tech comme une grosse montre connectée ou un casque Bluetooth. Si comme Harry, vous portez des lunettes, n'hésitez pas à vous faire plaisir avec des montures qui reflètent votre personnalité : montures papillon, bicolore, en bois… L'originalité n'a plus de limite. À moins que, comme notre jeune héros, vous succombiez pour les petites montures rondes !

Conseil de Potterhead. *Ne cherchez pas à adopter un style qui ne vous correspond pas. Le « no style », c'est déjà un style !*

« J'ai une hypothèse, rien de plus, dit-il enfin.
Je crois que ta cicatrice devient douloureuse
lorsque Lord Voldemort se trouve à proximité
ou qu'il est pris d'un accès de haine
particulièrement violente.
— Mais… pourquoi ?
— Parce que toi et lui, vous êtes liés par le sort
qu'il t'a jeté et qui a raté. Il ne s'agit pas
d'une cicatrice ordinaire. »

– **Dumbledore et Harry,**
Harry Potter et la Coupe de feu (2005)

HARRY ASSUME SA CICATRICE

« Tu ne t'es jamais demandé d'où te venait la cicatrice que tu as sur le front ? »

– Hagrid à Harry, *Harry à l'école des sorciers* (2001)

La cicatrice en forme d'éclair représente à elle seule toute l'intrigue de Harry Potter : elle relie Harry à son passé en laissant la trace du terrible sort *Avada Kedavra* lancé par Voldemort et lui rappelle sans cesse (s'il en est besoin) la mort de ses parents. Elle le rattache au présent en reliant Harry et Voldemort et en se manifestant par des douleurs vives dès que ce dernier approche trop. Elle s'accroche enfin au futur, et à l'éternité même : la cicatrice de Harry sera présente à tout jamais, comme le rappelle Dumbledore dès le début. Mais c'est surtout la marque de fabrique de Harry : c'est grâce à cette cicatrice particulière qu'il est reconnu et devient célèbre.

Si dans les livres de J. K. Rowling, la cicatrice de Harry est placée en plein milieu du front, les films la présentent sur le côté, parfois légèrement cachée par une mèche de cheveux que les sorciers prennent plaisir à soulever avec leur baguette. En tout cas, Harry a adopté sa cicatrice : le livre précise même que c'est la seule partie de son corps qu'il aime bien !

Nos cicatrices sont témoins de nos blessures, ce sont nos archives, elles nous rappellent que nous sommes des êtres faits de chair et de sang, et pas des êtres de plastique fabriqués en série. À l'heure des multiples filtres Instagram, des influenceurs passés sur le billard et du culte de la beauté, prenez le contre-pied en choisissant l'imperfection ! Laissez-vivre vos taches de naissance, vos cicatrices ou vos grains de beauté : ce sont eux, pas seulement eux mais en partie eux, qui constituent votre tout.

« Il a de la gueule », « il a du chien », « elle en impose », « elle a un petit quelque chose » : au lieu de vous diminuer, votre particularité physique, si elle est assumée, vous rajoutera quelque chose… Un aspect profond, mystérieux, qui sera votre petit plus de séduction et donnera envie de creuser votre histoire. Prenez comme modèles Vincent Cassel, Seal ou encore plus récemment Joaquin Phoenix et Tommy Flanagan : leurs marques leur donnent un air à la fois imposant et attendrissant. Elles donnent envie de percer leur mystère, de les protéger ou de les prendre dans nos bras ! Vanessa Paradis aussi a fait de son sourire sa marque de fabrique, qui lui donne bien plus de charme que des dents parfaitement alignées.

Bien sûr, vous n'êtes pas obligé de révéler l'histoire de votre cicatrice au premier venu… Surtout si votre cicatrice sur la joue résulte de votre passage à travers une baie-vitrée qui devait être fermée chez votre mamie. Au contraire, rien ne vous empêche de l'enjoliver légèrement pour redorer votre blason : sans aller aussi loin qu'un sort s'étant retourné contre vous, vous pouvez transformer la maison de mamie en villa à Los Angeles et la baie-vitrée en Porsche…

Conseil de Potterhead. *Aimez vos cicatrices, elles sont la mémoire de votre corps !*

— Je crois que Voldemort le cherche.
— Le malheureux, dit Ron, sincère.
Harry se redressa, frottant toujours sa cicatrice. Il était tout à fait réveillé, à présent, et essaya de se souvenir exactement de ce qu'il avait vu dans son rêve. Mais tout ce qui lui revenait en mémoire, c'était un paysage de montagne et les contours d'un village niché au creux d'une vallée profonde.
— Je pense qu'il est à l'étranger.
— Qui, Gregorovitch ?
— Non, Voldemort. Je pense qu'il est quelque part à l'étranger, à la recherche de Gregorovitch. Ça ne ressemblait pas à l'Angleterre.

– *Harry Potter et les Reliques de la Mort* (2007)

HARRY A LE FLEGME BRITANNIQUE

« Bientôt, Harry resta le seul passager.
— Alors, Neville, dit Stan en joignant les mains, où est-ce qu'on te laisse, à Londres ?
— Sur le Chemin de Traverse, répondit Harry.
— On y va, dit Stan. Attention, tiens-toi bien.
BANG ! Après une nouvelle détonation, le Magicobus se retrouva dans Charing Cross Road. »

– *Harry Potter et le Prisonnier d'Azkaban* (1999)

Quiconque sort d'une grotte et découvre Harry Potter pour la première fois pourra deviner très rapidement dans quel pays l'histoire se déroule ! Même si Londres et le Royaume-Uni ne sont quasiment jamais mentionnés, tout y fait référence : le Magicobus, bus à impériale, est pour les touristes la référence même de Londres ; le pavillon des Dursley, qui ressemble à n'importe quel pavillon jumelé dans n'importe quelle banlieue proprette britannique. Poudlard, par son architecture et surtout par les uniformes chemise-cravate rappelle les meilleurs collèges privés anglais. La voie d'accès au ministère de la Magie est une cabine téléphonique rouge, symbole anglais par excellence.

En plus de l'univers qu'elle a créé, J. K. Rowling a pris soin de sélectionner uniquement des acteurs britanniques : leur diction et leur accent sont restés purs. Dans le monde de Harry Potter, pas de « voix-de-bourbe » ! Tous les acteurs, des trois compères – Daniel Radcliffe, Emma Watson et Rupert Grint – au moindre figurant, sont britanniques. C'est sans doute cela qui rajoute à la saga ce petit je-ne-sais-quoi (à lire avec l'accent anglais) que l'on appelle le flegme britannique et dont étaient dotés les meilleurs représentants de la Couronne sur grand écran, de John Steed – *Chapeau melon et bottes de cuir* – à Hugh Grant, en passant par Sean Connery.

Si vous voulez opter pour le flegme britannique et faire de vous un digne représentant de Sa Majesté, il vous faudra parfaire votre verve : les Anglais sont très (trop ?) polis et très (trop ?) peu loquaces. Certaines expressions ou tournures de phrases trop familières doivent être bannies ! Ponctuez chaque phrase de verbes au conditionnel et d'expressions désuètes. Parlez en remuant le moins possible les lèvres et en postillonnant légèrement devant vous. Quand vous ne parlez pas, toisez les gens du regard et détournez-vous.

Rappelez-vous que les Anglais sont des êtres supérieurs, ils sont même supérieurs aux Anglais eux-mêmes. Rappelez-vous également la devise de Queen Elizabeth : « *Never explain, never complain* ». Prenez de la hauteur ! Au pays de l'Union Jack, on ne montre pas ses émotions en public et on ne s'épanche pas dans des discussions sans fin.

Enfin, faites-vous plaisir côté association culinaire douteuse : les Anglais ne sont pas réputés pour être de fins gastronomes. Porridge, fish & chips et autre irish stew (en faisant trainer le *-ew* !) finiront d'impressionner vos hôtes (à défaut de ravir leurs papilles) et d'asseoir votre british style. Le tout arrosé d'une Guinness ou d'une *cup of tea, of course* !

Conseil de Potterhead. *Just live like a rolling stone !*

Portrait chinois de votre personnage d'Harry Potter

Coloriez la caractéristique qui vous correspond le mieux…

Occulus Reparo
Expecto Patronum
Wingardium Leviosa
Avada Kedavra
Un sortilège

La bague des Gaunt
Le médaillon de Salazar Serpentard
Le diadème de Rowena Serdaigle
Le journal intime de Tom Jedusor
Un Horcruxe

« Ah, Potter... Que voulez-vous, Rogue,
nous avons tous un faible pour lui.
— Pourtant... Est-ce vraiment un service
à lui rendre que de lui accorder un tel traitement
de faveur ? En ce qui me concerne,
j'essaye de le considérer
comme n'importe quel autre élève. »

– Fudge et Rogue,
Harry Potter et le Prisonnier d'Azkaban (2004)

Harry est le chouchou des profs

« Harry est le meilleur espoir que nous ayons,
faites-lui confiance. »

– Dumbledore,
Harry Potter et les Reliques de la Mort, partie 2 (2011)

On ne va pas se mentir, Harry est de loin le chouchou, l'élève préféré de (presque) tous les professeurs de Poudlard. Il commence d'ailleurs ses débuts dans l'école en faisant ses emplettes de rentrée scolaire avec Hagrid, le gardien de Poudlard.

Le fait qu'il soit orphelin lui confère une place à part dans le cœur des professeurs qui l'ont vu bébé et ont attendu ses onze ans et son arrivée à Poudlard avec impatience. Dumbledore en particulier a tissé avec lui une relation très forte, qui va au-delà des rapports élève-enseignant. Ils ont envie de le protéger, d'autant plus qu'ils le savent menacé par Voldemort.

Le seul honneur que Harry ne recevra pas au sein de Poudlard est celui de devenir préfet : Dumbledore se sent obligé de se justifier auprès de Harry, de s'excuser presque, en lui expliquant qu'il ne l'a pas nommé préfet car il a estimé que Harry avait déjà beaucoup de responsabilités. Il le nommera tout de même capitaine de l'équipe de Quidditch de Gryffondor.

Le fait qu'il ait survécu au sort de Celui-dont-on-ne-doit-pas-prononcer-le-nom lui donne également un statut à part : les professeurs souhaitent le traiter comme un élève normal, mais ne peuvent faire fi de cette expérience que personne d'autre n'a vécue. Dans le monde magique, Harry est une légende ! Ils le considèrent presque plus performant qu'eux-mêmes. Harry sera souvent mis en valeur : par exemple, quand il joue au Quidditch, il ne reste pas sur les bancs des remplaçants, il est propulsé attrapeur dès le premier match, tel le digne héritier de son père, James.

Dans le trio qu'il forme avec Ron et Hermione, chaque personnage est un profil d'élève particulier. Ron représente le dilettante : il met beaucoup de temps à se sentir impliqué dans sa scolarité et grandit dans l'ombre de ses frères. Il traîne son uniforme d'un banc à l'autre sans conviction, il ne parvient par exemple à maîtriser que partiellement le sort *Vera Verto* et change son rat en verre à pied poilu…

Hermione est la « première de la classe » : née moldue, elle adore se plonger dans les grands livres de sorcellerie et est largement la meilleure élève de la classe. Son seul talon d'Achille est son manque de légitimité dans le monde sorcier : ayant grandi dans le monde moldu, elle rattrape son retard par sa soif d'apprendre et son intelligence mais manque un peu de pratique sur le terrain. En classe, elle a toujours le doigt levé et frôle le fayotage, ce qui peut parfois exaspérer ses professeurs et ses camarades. Elle en sait parfois même plus que les enseignants eux-mêmes. Le portrait de l'élève Hermione va évoluer au fil des tomes : tout comme Harry, elle s'affranchit peu à peu des règles (« C'est amusant de ne pas respecter le règlement ![1] ») et elle en vient même à sécher sa septième et dernière rentrée à Poudlard pour accompagner Ron et Harry à la chasse aux Horcruxes. Elle commence à penser par elle-même et à s'émanciper. Bref, elle grandit et devient une jeune femme mature et solide.

1. *Harry Potter et l'Ordre du Phénix*, Gallimard, 2003.

Il n'y a qu'une seule professeure qui nourrit une profonde aversion pour Harry : Dolores Ombrage. Harry remet en cause les méthodes d'enseignement de la nouvelle professeure et la perce rapidement à jour. Leurs vifs échanges et prises de tête en cours donneront lieu à une punition démesurée : écrire « Je ne dois pas dire de mensonges. » avec une plume magique qui le mutile jusqu'au sang. Il va jusqu'à dispenser des cours de défense contre les forces du Mal à sa place pour l'Armée de Dumbledore.

Sa relation avec Severus Rogue est ambivalente également : le professeur Rogue, malgré sa tentative de le considérer comme n'importe quel autre élève, n'arrive pas à se détacher du fait que Harry est le fils de James, qu'il détestait, et de Lily, dont il était fou amoureux ; et cela l'empêche d'être objectif. Il y fait d'ailleurs plusieurs allusions tout au long des cours. Pour couronner le tout, Harry n'appartient pas à la maison Serpentard comme Rogue mais à Gryffondor, une raison de plus pour lui s'il en fallait encore une de mépriser Harry Potter. Harry et Rogue partagent pourtant un Patronus similaire, une biche pour Rogue et un cerf pour Potter, et ont plus d'affection l'un pour l'autre qu'ils veulent bien le faire croire.

La scolarité de Harry connait un réel basculement dans *Harry Potter et le Prince de Sang-Mêlé* : grâce au manuel de potions qu'il récupère, ancien livre annoté du Prince de Sang-Mêlé – Severus Rogue lui-même ! –, il devient premier au cours du professeur Slughorn. Rappelons tout de même que durant son enfance, Harry n'a pas été confronté à la magie et que ses premières notions lui seront prodiguées lors de sa première année à Poudlard. De ce fait, il lui faudra travailler avec plus d'acharnement que les autres élèves pour combler ses lacunes. Ses efforts seront récompensés puisque Cho Chang, la camarade de classe et flirt de Harry, le gratifie même dans *Harry Potter et l'Ordre du Phénix* d'un : « Tu es un très bon prof, Harry » avant de lui offrir son premier baiser !

Au-delà de son histoire personnelle, c'est l'attitude même de Harry en classe qui lui a valu toute l'affection de ses professeurs : c'est un élève éclairé, attentif, motivé, mais pas lèche-bottes. Il a su rester respectueux des professeurs tout en n'étant pas impressionné. Il développe avec eux une relation d'égal à égal au fur et à mesure que Harry grandit. Harry aurait pu tout naturellement devenir professeur à Poudlard, mais il choisit la carrière d'Auror, un poste très prestigieux qui nécessite d'avoir validé son diplôme avec la mention Effort exceptionnel dans plusieurs disciplines…

Pour devenir vous aussi le chouchou de vos profs ou de vos supérieurs, adoptez le même comportement que Harry : soyez attentif, impliqué et intéressé. OK, vos cours de maths sont peut-être moins palpitants que les cours de défense contre les forces du Mal, et la course d'endurance fait moins rêver que les matchs de Quidditch, mais tout le monde n'a pas la chance de recevoir une lettre de Poudlard ! Vos professeurs ou supérieurs vous pardonneront toujours d'avoir besoin de plus d'explications ou de temps pour assimiler, mais plus rarement le dilettantisme, le manque de sérieux ou de soin. Montrez par votre attitude que vous vous sentez impliqué : arrivez à l'heure voire en avance, prenez des notes et lâchez votre téléphone portable en réunion !

Ne soyez ni trop familier ni trop déférent : les enseignants n'aiment pas les élèves hypocrites ou qui la ramènent sans cesse et ne sont pas dupes. Ne profitez pas non plus d'une proximité qui s'installe pour passer au tutoiement sans y avoir été invité ou vous relâcher. Enfin, si vous en ressentez le besoin, n'hésitez pas à leur demander des conseils et des recommandations. Ils seront ravis de voir que leur savoir peut vous être utile et que vous cherchez à apprendre toujours plus !

Conseil de Potterhead. *Pas besoin d'en faire trop pour être remarqué ou apprécié, misez sur la curiosité et l'assiduité !*

« À la fin de la séance, Harry rentra directement
à la salle commune de Gryffondor où il retrouva
Ron et Hermione qui jouaient aux échecs.
Les échecs étaient le seul jeu
auquel Hermione perdait et,
aux yeux de Ron et Harry,
rien ne pouvait lui faire plus de bien. »

– *Harry Potter à l'école des sorciers* (2001)

HARRY SAIT FAIRE ÉQUIPE

« Non ! Ne bouge pas ! Souviens-toi,
la partie n'est pas finie… Échec et mat ! »

– Ron,
Harry Potter à l'école des sorciers (2001)

Ron Weasley joue pour Harry le rôle d'initiateur, de tuteur : il lui fait découvrir le monde des sorciers, tous ses codes, caractéristiques et particularités, depuis le franchissement de la voie 9 ¾ jusqu'à l'étude des contes de Beedle le barde. Il l'initie rapidement aux échecs, jeu de stratégie par excellence, et pas à n'importe quel jeu d'échecs : la version sorciers, dont les pièces sont animées et se déplacent par le son de la voix des joueurs.

Si les échecs sont un simple divertissement, lors de la confrontation avant d'accéder au miroir du Risèd, les pièces du jeu sont de véritables opposants à Ron, Harry et Hermione, qui doivent redoubler de stratégie pour remporter la partie, jusqu'à envisager de se sacrifier.

Un des rares domaines où Ron surpasse Harry est le jeu d'échecs. La partie menée dans *Harry à l'école des sorciers,* outre sa grande qualité cinématographique, place pour une fois Ron en situation de leader. Harry se retrouve plus en retrait et se contente de se laisser guider et de suivre les instructions de Ron. Son comportement prouve qu'il est aussi capable d'avancer en groupe et de déléguer à ceux qui l'entourent. Ron, en vrai capitaine d'armée, décide de se sacrifier plutôt que de sacrifier un membre de son équipe. Cette scène prouve que Ron n'est pas seulement un gai luron potache et nonchalant, mais qu'il est capable de prendre la situation en main et que l'on peut compter sur lui en cas de besoin.

On peut voir dans cette partie d'échecs une allégorie de la quête de Harry : il faut toujours avoir un coup d'avance, il faut parfois sacrifier une partie de soi pour avancer vers la victoire… Et surtout, rien n'est perdu tant que la partie n'est pas finie !

Le « roi des jeux » s'est développé dans de nombreuses civilisations et à travers les âges, jusqu'aux versions numériques les plus modernes. C'est pourtant un jeu un peu désuet et peu pratiqué au quotidien, même si la série *Le Jeu de la dame* (Netflix, 2020) a contribué à le repopulariser.

N'hésitez pas, comme Harry et Ron, à vous lancer dans des jeux et activités un peu moins communs que le foot ou le poker et qui suscitent plus de réflexion et de stratégie en vous tournant vers les échecs. Vous pouvez également pratiquer des jeux de société tels que Risk, Catan ou des jeux d'évasion réelle comme des *escape game*, qui reprennent la trame d'un conte classique avec des énigmes à résoudre, des épreuves à surmonter et une quête finale. Ils ont fleuri depuis quelques années dans toutes les grandes villes et se déclinent sous des thèmes aussi vastes que les pirates, le Moyen Âge, la guerre de Sécession… ou Harry Potter !

Conseil de Potterhead. *Ayez toujours deux coups d'avance !*

« Les idiots qui portent fièrement leurs cœurs en bandoulière, qui sont incapables de contrôler leurs émotions, qui se complaisent dans les souvenirs les plus tristes et se laissent facilement provoquer – les gens faibles en d'autres termes – n'ont aucune chance de résister à ses pouvoirs. »

– Rogue,
Harry Potter et l'Ordre du Phénix (2007)

HARRY EST UN PHILOSOPHE

« Est-ce que tout cela est réel ? Ou bien est-ce dans ma tête que ça se passe ? »

– Harry à Dumbledore, *Harry Potter et les Reliques de la Mort*, partie 1 (2010)

Le titre du premier tome de Harry Potter était à l'origine *Harry and the Philosopher's Stone* (*Harry et la Pierre philosophale*). Il a été modifié en *Harry Potter à l'école des sorciers*, moins effrayant, plus adapté à la jeunesse et surtout plus consensuel… Tour à tour disciple de Platon, de Nietzsche ou de Sartre, Harry Potter cherche son courant de pensée au fil des tomes et gagne en maturité. Dumbledore, directeur de Poudlard, représente incontestablement le personnage du philosophe : par son aspect physique d'abord, cape violette et longue barbe blanche, il ressemble à un druide ou à un mage. Sa posture et sa façon de diriger son établissement (tout le monde a en tête le silence instantané quand Dumbledore prend la parole dans la grande salle du réfectoire) en font un grand orateur et un pédagogue respecté de tous. Il accompagne tous les élèves sur le chemin du savoir et est persuadé que chacun peut progresser. Il applique, bien avant le pédagogue contemporain Philippe Meirieu, le principe d'éducabilité.

Si Dumbledore pratique la maïeutique, l'art de faire ressortir la vérité par le questionnement via le dialogue, à l'image de Socrate, Harry est son premier disciple et suit l'école de Platon. De nombreuses scènes les présentent en grande discussion en tête à tête, tout en arpentant les longs couloirs de Poudlard, tel que Socrate dispensait son enseignement.

Ron et Hermione, les comparses inséparables de Harry, ont une portée symbolique : Hermione représente le « surmoi » de Harry, la part raisonnable qui se contrôle, tandis que Ron représente le « ça », le côté plus spontané. Dans ce triptyque, Hermione et Ron ne sont plus juste les meilleurs amis mais quasiment une partie de Harry.

De nombreux éléments fondamentaux de la saga ont une résonnance mythique et philosophique : le miroir du Risèd fait écho à nos désirs refoulés et à nos envies de grandeurs ; la cape d'invisibilité reprend le mythe platonicien de l'anneau de Gygès, l'épouvantard nous oblige à faire face à nos peurs les plus intenses et à rester stoïques…

La philosophie qui a le plus influencé J. K. Rowling est d'ailleurs le stoïcisme, doctrine de Épictète selon laquelle la maîtrise de nos représentations et le détachement à l'égard des choses permet d'atteindre le bonheur. En résumé, ce sur quoi je n'ai pas de prise ne doit pas m'atteindre. Dumbledore, et surtout Severus Rogue, ne cesseront de tenter d'apprendre à Harry à prendre du recul par rapport aux événements, à trouver les réponses par lui-même, à maîtriser les émotions qui l'envahissent.

« Ce qui trouble les hommes, ce ne sont pas les choses, mais les jugements qu'ils portent sur les choses ». Cette citation d'Épictète pourrait tout à fait être une réplique de Dumbledore ou de Rogue.

Pour appliquer la philosophie de Harry, prenez du recul sur les événements que vous vivez : notez dans un petit carnet, dessinez, griffonnez chaque soir pour faire le bilan de votre moral de la journée. Réveillez-vous chaque matin avec un mental de gagnant, un moral d'acier et la rage de modifier le cours de votre existence ; tout en balayant d'un revers ce sur quoi vous n'avez pas la main mise. Cela vous soulagera et vous allégera dans vos combats et objectifs quotidiens. Vous pouvez aussi vous procurer un recueil de citations philosophiques qui seront votre mantra quotidien.

Tentez comme Harry de vous entourer de personnes fiables, qui partagent vos valeurs profondes mais qui sauront vous bousculer et remettre votre vision du monde en questionnant en apportant des points de vue différents.

Conseil de Potterhead. *Repérez parmi vos proches votre Dumbledore à vous, un fidèle compagnon qui vous guidera sur la route de la philosophie.*

« *Le serpent ouvrit soudain ses petits yeux brillants. Lentement, très lentement, il leva la tête jusqu'à ce qu'elle soit au même niveau que celle de Harry. Et il lui fit un clin d'œil. Harry resta bouche-bée. Il jeta un coup d'œil autour de lui pour s'assurer que personne ne le regardait, puis il adressa à son tour un clin d'œil au serpent.* »

– *Harry Potter à l'école des sorciers* (1997)

HARRY EST EN CONNEXION AVEC LE MONDE ANIMAL

« Bien. Qui peut me dire quelle est la différence entre un Animagus et un loup-garou ? »

– Rogue,
Harry Potter et le Prisonnier d'Azkaban (2004)

Les animaux du monde des sorciers sont présents dès l'incipit du premier tome, ils sont même le signe annonciateur de l'intrigue : « Aucun d'eux ne remarqua la grosse chouette hulotte au plumage mordoré qui voleta devant la fenêtre ». À peine quelques lignes plus tard, un nouvel animal est évoqué : un chat tigré qui lit une carte routière.

Le monde animal et le monde de la magie se croisent aussi à travers les Animagus : ce sont des sorciers capables de se transformer en un animal qui s'accorde le mieux possible à leur personnalité. Il s'agit d'un processus très long et difficile, et ce n'est pas le sorcier qui choisit en quel animal il pourra se métamorphoser : James Potter se transforme en cerf, tandis que Peter Pettigrow est un rat… Le chat tigré évoqué au tout début du récit est Minerva McGonagall. Le lien entre Animagus et traits de caractère n'est pas anodin.

Il existe plusieurs groupes d'animaux dans *Harry Potter* : les animaux de compagnie qui jouent la même fonction que dans le monde moldu, les animaux fantastiques traditionnels et les animaux fantastiques créés de toute pièce par J. K. Rowling (bien que les catégories soient étanches et que plusieurs animaux puissent appartenir à l'une et à l'autre). On y rencontre des licornes, des hippogriffes, des araignées géantes, des basilics, des centaures, des dragons… mais aussi, bien plus banals, des chiens et des chats !

Poudlard est le seul établissement scolaire qui incite ses étudiants à adopter un animal de compagnie : un chat pour Hermione – aussi roux et perspicace que sa maîtresse –, un chien à l'apparence trompeuse pour Hagrid – Crockdur semble féroce mais en vérité c'est un trouillard –, un crapaud aux notes burlesques pour Neville, et bien sûr, un phénix pour Dumbledore !

L'animal « mascotte » de la saga est bien sûr Hedwige, un harfang des neiges. Elle fait en quelque sorte le lien entre le monde magique et le monde des moldus : c'est un des rares animaux que l'on retrouve dans les deux mondes et c'est par son intermédiaire que Harry découvre l'existence de Poudlard puis correspond avec ses camarades. Dans les contes, les oiseaux représentent la sagesse et l'intelligence, sagesse accentuée par le plumage blanc, symbole de pureté absolue.

Les animaux sont également présents dans la saga à travers les quatre maisons : la maison Gryffondor a pour blason le lion, le roi de la savane, qui représente le courage et la puissance. La maison Serpentard est naturellement représentée par le serpent, réputé pour être un animal peu fiable et vil. Le blason de Poufsouffle est le blaireau, symbole de gentillesse, tandis que la maison Serdaigle est représentée par un aigle symbolisant l'érudition.

Harry possède une grande qualité : il est très à l'écoute des animaux. Cela se ressent dans sa façon d'appréhender sa rencontre avec chaque animal qui croise sa route. Il parvient à communiquer avec eux, avant même de savoir qu'il a des pouvoirs magiques, comme pour le boa constrictor du zoo par exemple. Pour lui, les animaux sont des « êtres humains dotés de sensibilité », il projette sur eux les sentiments et questionnements qui le traverse. Il comble sa solitude grâce à leur présence.

Dans nos sociétés modernes, les êtres humains commencent à se questionner quant à leur rapport à la condition animale : élevages intensifs dans des conditions indignes, animaux d'espèces en voie de disparition braconnés, animaux exploités pour le divertissement… Les exemples de maltraitance animale ne manquent malheureusement pas. Dans un souci plus global de respect de l'environnement et de la biodiversité, l'Homme gagnerait à, comme Harry, considérer enfin les animaux comme des êtres vivants à part entière.

Avant d'adopter un animal de compagnie à la maison, il faut vous interroger : quel temps au quotidien avez-vous à lui consacrer ? De quel budget disposez-vous ? Comment vous organiser durant vos absences ? Quelle place lui laisser dans la maison ? Ne prenez pas de décisions sans concertation avec tous les membres de votre foyer et laissez-vous un peu de temps. Renseignez-vous bien sur l'espèce que vous aimeriez choisir et ses spécificités pour savoir si vous serez pleinement en capacité de répondre à ses besoins. Rappelez-vous le nombre d'animaux reçus en cadeau durant les fêtes de fin d'année et abandonnés peu après, ou encore les animaux de compagnie délaissés sur le bord du chemin par leurs propriétaires pressés de partir en vacances…

Pour vous occuper d'un animal, il faudra faire preuve de patience et de douceur : les animaux ont beaucoup d'instinct, vous gagnerez leur confiance petit à petit par des attentions (n'oublions pas que les animaux reconnaissent leur maître en celui qui les nourrit !) et des gestes doux. Si vous avez de la tendresse et de l'affection à distribuer, un chien, un chat ou encore un lapin seront de vrais boules à câlin et une source de réconfort. Il est également nécessaire d'être dynamique : vous devrez, et particulièrement si vous adoptez un petit chiot, être disponible pour l'éduquer, jouer avec lui, être prêt à le promener et à gérer les tâches quotidiennes. Attendez-vous également, comme Hagrid avec Crockdur, à devoir essuyer sa bave…

Conseil de Potterhead. *Traitez les animaux comme vous aimeriez être traité !*

Portrait chinois de votre personnage d'Harry Potter

Coloriez la caractéristique qui vous correspond le mieux…

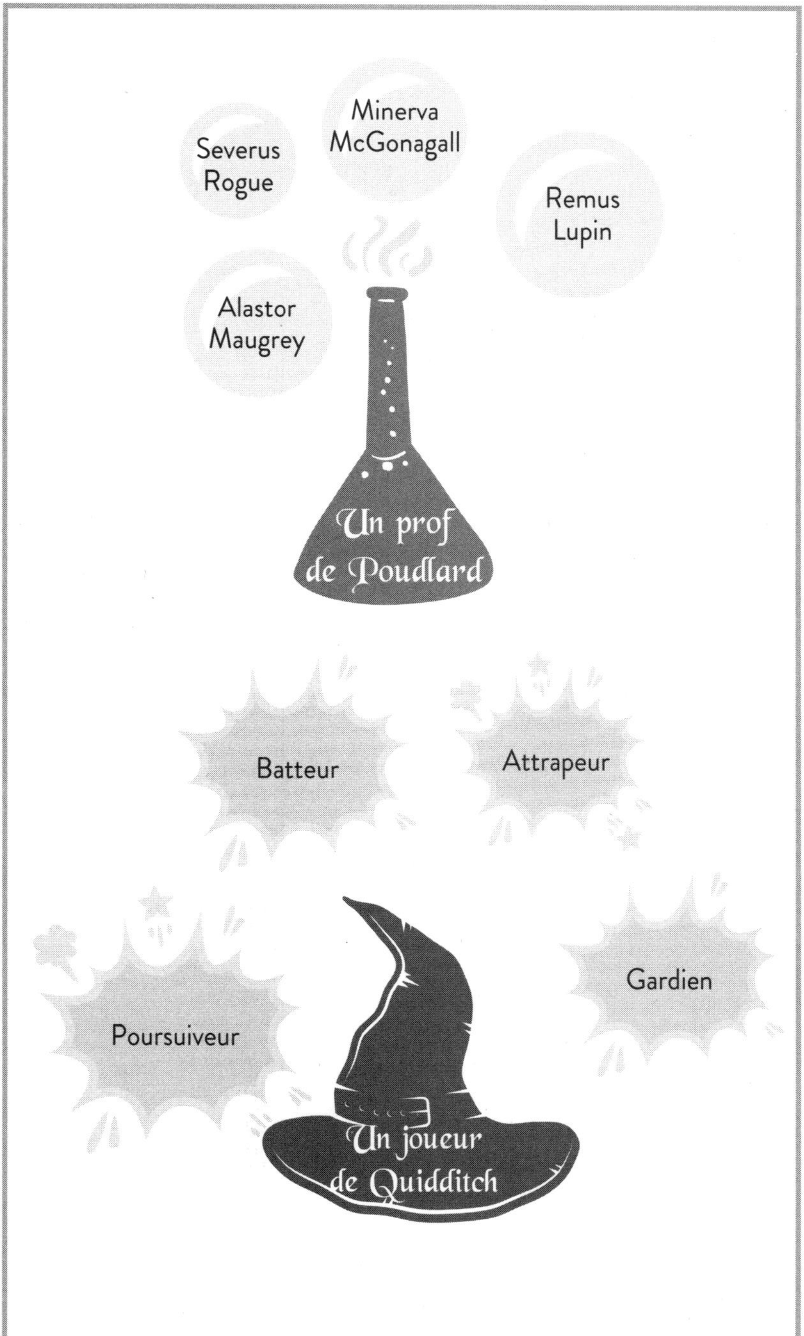
Severus Rogue
Minerva McGonagall
Remus Lupin
Alastor Maugrey
Un prof de Poudlard
Batteur
Attrapeur
Poursuiveur
Gardien
Un joueur de Quidditch

« — *Protego!*

— Vous souvenez-vous que j'avais parlé de sortilèges informulés, Potter ?

— Oui, répondit Harry avec raideur.

— Oui, monsieur.

— Il n'est pas nécessaire de m'appeler "monsieur", professeur. »

– Harry Potter et le Prince de Sang-Mêlé (2005)

HARRY A DE LA RÉPARTIE

« On a peur Potter ?
— Tu aimerais bien »

– Drago et Harry,
Harry Potter à l'école des sorciers (2001)

Le courage, la force, la bravoure et la détermination sont les qualités principales des membres de la maison Gryffondor, mais ces derniers ne seraient rien sans leur éloquence ! Plusieurs scènes nous montrent des élèves Serpentard qui restent bouche-bée devant la répartie de Harry, Ron ou Hermione. Même devant ses professeurs, Harry trouve le mot juste (« Je ne vous conseille pas d'essayer ! » dit Harry à Gilderoy Lockhart, qui s'apprête à leur faire subir à Ron et lui le sortilège d'amnésie dans la Chambre des secrets).

Il faut dire que les élèves de Poudlard sont bien formés à l'art de la parole et à sa puissance : formules magiques, déchiffrage de grimoire et autres incantations rythment leurs journées en classe.

Tout le monde se souvient du fameux « On dit “LeviÔsa”, pas “LeviosÂ” » de Hermione Granger. Les formules ont toujours une base latine comme les « *Expecto Patronum* » ou « *Sectumsempra* », qui font penser à des noms scientifiques d'espèces botaniques rares (ou à des noms de médicaments en vente libre !). Le sort ultime, qui fait penser à un pseudo de DJ, « *AVADA KEDAVRA* » est un virelangue très efficace, à prononcer uniquement dans sa tête !

La puissance des mots est également représentée par le monde de l'écrit : c'est dans les livres que le trio va trouver les réponses à leurs questions. La bibliothèque, endroit préféré de Hermione qui y emprunte des lectures « distrayantes », est le lieu central de Poudlard. Les contes de Beedle le barde sont une des clés pour comprendre le mystère des Reliques de la Mort. Même les révélations les plus importantes se font par écrit : « On a ouvert la Chambre des secrets ». Les livres jouent un rôle noble dans la saga Potter, mais le traitement de la presse est plus mitigé : attention aux beaux parleurs, comme Lockhart, ou aux affabulateurs, comme Rita Skeeter et sa Plume à Papote.

Encore une fois, c'est Dumbledore qui va initier Harry et lui faire prendre conscience du poids des mots : « J'ai toujours été fier du talent que je possède pour tourner des phrases. Et les mots sont à mon avis, qui n'est pas si humble, notre plus inépuisable source de magie. Ils peuvent à la fois infliger des blessures et y porter remède. » (*Harry Potter et les Reliques de la Mort*).

Pour développer votre verve comme Dumbledore, pas de formules magiques : il faut vous entraîner ! Utilisez un lexique précis : bannissez de votre vocabulaire les « truc », « machin », « faire » ou « prendre » ; la langue française est très riche et il n'y a pas deux mots qui signifient la même chose ! N'hésitez pas à user de comparaisons, d'adjectifs, de synonymes…

La lecture permet de s'évader, de se relaxer, de ressentir des émotions mais également d'approfondir ses connaissances en langue française : la lecture appelle l'écriture, qui appelle la lecture, et c'est un cercle vertueux qui se met en place. Lire régulièrement vous met au clair sur les règles d'orthographe et les quelques incongruités de la langue française et enrichit votre vocabulaire. La lecture développe également la culture à travers la connaissance de certains auteurs classiques incontournables, d'époques, d'univers, de sociétés variées, elle vous permet d'appréhender le monde avec un regard plus large.

Pour répliquer à tour de bras comme un Gryffondor, là encore l'improvisation ne fait pas tout… Pour les situations tendues, comme un exposé ou un entretien en contexte professionnel, travaillez particulièrement la phase d'introduction et de conclusion en préparant votre phrase d'accroche mot pour mot et en l'apprenant par cœur. Le reste du contenu pourra être traité directement à l'oral à partir des idées fortes que vous aurez préalablement résumées sous forme de notes.

Apprenez aussi de vos erreurs : c'est souvent une fois rentré chez soi que l'on trouve la réplique qui tue ou la blague qui fait mouche, et que, malheureusement, on a été incapable de sortir sur le moment ! Prenez le temps de vous poser et d'analyser la situation : qu'est ce qui a bloqué votre répartie ? Que pourriez-vous rétorquer si la situation se reproduit ? Pourquoi avez-vous laissé votre interlocuteur mener le bal ? Quel code de communication n'avez-vous pas respecté ? Comment mieux faire passer votre message la prochaine fois ? Ce petit exercice d'introspection sera une sorte d'échauffement, comme un sportif qui s'entraîne après la compétition. Vous avez peut-être perdu une bataille, mais pas la guerre !

On se rend compte, que ce soit dans le milieu professionnel ou la vie personnelle – la vie de famille, et la vie de couple en particulier ! – que la majorité des frictions et conflits naissent de quiproquos, de non-dits, de manque de communication. « Ce qui se conçoit bien s'énonce clairement », comme le disait si bien Nicolas Boileau[1]. Alors dans des situations conflictuelles, soyez explicite, allez à l'essentiel, prenez en compte le ressenti et les attentes de votre interlocuteur. La communication se vit à deux !

Ne négligez pas non plus la communication non verbale : regardez votre interlocuteur dans les yeux, hochez la tête quand il parle, accompagnez vos paroles par quelques gestes de la main. Ne restez pas les bras croisés sur la poitrine, signe que l'on est fermé à toute discussion !

Dans des discussions de groupe, prenez du recul et placez-vous en maître de cérémonie : relancez les uns, titillez les autres, laissez parfois quelques secondes de battement dans vos paroles afin d'avoir

1. Nicolas Boileau (1636-1711) est un homme de lettres français.

l'attention de tous et ponctuez de quelques mots bien choisis. Sans oublier « *Sonorus* » : on parle à haute et intelligible voix !

Conseil de Potterhead. *Ayez un esprit vif… d'or !*

« Je vais dire que j'ai rêvé que… je noyais Rogue dans mon chaudron. Oui, ça ira…

— O.K., alors il faut additionner ton âge et la date où tu as fait le rêve, puis ajouter le nombre de lettres du sujet… C'est quoi le sujet du rêve, à ton avis ? Noyade, Chaudron ou Rogue ?

— Ça ne fait rien, n'importe lequel.

— À quelle date tu as rêvé ça ?

— Je ne sais pas, la nuit dernière ou n'importe quand. »

– Harry à Ron,
Harry Potter et l'Ordre du Phénix (2007)

HARRY EST UN GRAND RÊVEUR

« Quand nous rêvons, nous entrons dans un monde qui n'appartient qu'à nous. »

– Sirius Black,
Harry Potter et le Prisonnier d'Azkaban (2004)

Les rêves ont une très grande importance dans *Harry Potter* : ils sont un trait d'union entre le monde réel et le monde fantastique… Harry est régulièrement confronté à des rêves prémonitoires, comme le rêve du turban de Quirrell qui l'incite à rejoindre les Serpentard ou de la cage de zoo dans laquelle Dobby l'enferme. Les rêves prémonitoires permettent de dévoiler une partie de l'intrigue, même si ce n'est que dans l'inconscient du lecteur ou du téléspectateur.

Harry est un grand rêveur mais un piètre disciple de Freud : les cours d'interprétation des rêves dispensés par Sibylle Trelawney ne seront pas un grand succès, Harry ne souhaitant pas divulguer ses rêves et cauchemars, toujours liés à Voldemort. La professeur Trelawney, prophétesse excentrique peu pris au sérieux par ses collègues est un personnage moins secondaire qu'il n'y paraît : c'est elle qui fait la prédiction de la naissance d'un enfant qui causera la perte de Celui-dont-on-ne-doit-pas-prononcer-le-nom.

Bien qu'il vive des expériences hors-normes, il arrive aussi à Harry de faire des rêves classiques de moldus, bien plus faciles à décrypter : rêver d'oublier son balai la veille du match de Quidditch ou avoir des armes braquées sur lui quand il commence à se sentir menacé.

En plus de ses nombreux rêves qui le perturbent, Harry est sujet à des visions et à des hallucinations qui le troublent beaucoup. Sa vue et son audition en font particulièrement les frais, que ce soit à travers les éclairs verts qui rappellent le puissant *Avada Kedavra* ou les bruits stridents des Détraqueurs. Harry est un grand rêveur, qui a parfois même du mal à discerner les rêves de la réalité, que ce soit celle du passé ou celle à venir.

Dumbledore est conscient de ces phénomènes et de leur puissance sur Harry. Il tente de le mettre en garde dès le début : « Ça ne fait pas grand bien de s'installer dans les rêves en oubliant de vivre. » (*Harry Potter à l'école des sorciers*). Ses avertissements se font de plus en plus pressants jusqu'au moment où dans *Harry Potter et l'Ordre du Phénix* où, pour une fois, Dumbledore semble lui faire une remontrance : « Il serait temps que tu apprennes à faire la différence entre la vie et les rêves ».

Cette approche est intéressante : Harry n'a pas assez analysé ses rêves et décrypté les messages que son subconscient lui envoyait. C'est pourtant un exercice d'analyse passionnant qui vous permettra d'en apprendre bien plus que vous ne le pensez sur vous-même !

Soyez attentif à vos rêves et à leur signification ! Vous pouvez noter les éléments saillants qui le composent au réveil ou vous enregistrer pour une description plus détaillée. Certains éléments qui ont une charge symbolique lourde pourront particulièrement attirer votre attention : les cheveux, les dents, l'eau, les animaux... sont autant d'éléments qui n'ont pas forcément le sens ou l'utilité auquel on pense et qu'il faudra décrypter. Sachez que les personnes présentes dans les rêves sont rarement celles qui sont réellement concernées : il est parfois plus facile que nos proches soient représentés par des visages anonymes ou par des personnes sans importance. Parfois, même dans nos rêves, nous ne sommes pas prêts à voir la réalité en face…

Le recueil de vos rêves, sur support écrit ou audio, permettra d'identifier les éléments réguliers et les incohérences à éclairer. Si un rêve devient trop récurrent, que vous ressentez une certaine gêne au réveil sans que vous puissiez l'expliquer, n'hésitez pas à consulter un psychologue, qui saura certainement vous aider à remettre de l'ordre dans votre sommeil et dans votre vie !

Conseil de Potterhead. *Rêvez les yeux grands ouverts !*

« En voyant leur expression incrédule,
Hagrid haussa ses sourcils broussailleux :
“Ça ne sert à rien de rester là à s’inquiéter, dit-il.
Il arrivera ce qui arrivera
et il faudra se préparer à l’affronter.” »

– **Hagrid,**
Harry Potter et la Coupe de feu (2005)

HARRY S'EN REMET PARFOIS AU DESTIN

« La baguette choisit toujours son sorcier, monsieur Potter. »

– Garrick Ollivander à Harry, *Harry Potter à l'école des sorciers* (2001)

« Les choses finissent toujours par revenir, mais pas toujours de la manière que l'on croit. »

– Luna Lovegood, *Harry Potter et l'Ordre du Phénix* (2007)

Dans un monde où l'on prend le train en fonçant dans un mur entre les quais de la gare de King's Cross et où les rats peuvent être changés en verre à pied, il existe une constante : le destin de Harry, ou plutôt le destin de Voldemort et de Harry. Il faut attendre plusieurs tomes pour arriver à l'affrontement final, qui était pourtant prédit par le professeur Trelawney, telle une bonne fée. Voldemort a scellé son destin en marquant Harry comme son égal via une cicatrice. Il désigne par cet acte Harry comme étant son ennemi mortel à tout jamais.

Hagrid, le gardien de Poudlard, est présenté comme un personnage simple, presque benêt. Le gâteau d'anniversaire qu'il apporte pour les douze ans de Harry avec son orthographe plus qu'approximative (« *HAPPEE BIRTHDAE HARRY* ») résume bien sa personnalité : il est à côté de la plaque, excessif, mais attentionné et prévenant. Le fait que la pratique de la magie lui soit interdite le rend pragmatique : il sait que rien n'est jamais acquis et qu'il faut chaque jour profiter de ce que la vie nous apporte. L'épilogue du tome 4 (*Harry Potter et la Coupe de feu*) lui donne raison : « Comme Hagrid l'avait dit, il arriverait ce qui arriverait et il faudrait alors se préparer à l'affronter ».

Un autre personnage recommande à Harry de ne pas toujours lutter contre son destin : c'est Luna Lovegood. Élève de Serdaigle, maison réputée pour ses membres intelligents, créatifs, curieux et originaux, Luna est présentée à Harry par Hermione – cette dernière valide en quelque sorte leur amitié. Luna et Harry se trouvent de nombreux points communs, comme le décès de leur maman. Ils sont aussi tous les deux un peu à part car particuliers, comme les sombrals : « Ils sont très gentils mais les gens les oublient parce qu'ils sont… différents » (*Harry Potter et l'Ordre du Phénix*). Lors d'une discussion dans la forêt, Luna aide Harry à décrypter les derniers événements concernant Voldemort ainsi que sa relation aux autres.

Certains pensent que les êtres humains n'ont aucun impact sur le déroulement des événements et qu'il faut se soumettre totalement au destin, en acceptant le sort qui leur est réservé. Au contraire, d'autres pensent que le destin n'est qu'un cadre à l'intérieur duquel on dispose d'une certaine liberté voire responsabilité face à ce destin. En bref, « on a toujours le choix », mais face aux principaux événements, le destin gagne toujours. Harry est plutôt de cette deuxième catégorie. Cela n'empêche pour autant pas de vouloir échapper à son destin !

L'expression « coup du sort » revêt une résonnance particulière dans l'atmosphère de J. K. Rowling : action qui relève du hasard, elle relie par l'association de ses deux mots le destin (« coup ») à la magie (« sort »). Comme si à Poudlard, malgré tous les artifices, on ne pouvait pas échapper à son destin. La version anglaise de cette expression, *twist of fate*, a d'ailleurs été dépouillée de son aspect magique pour se concentrer sur le hasard car elle se traduit par « coup du destin ».

Si Harry a pu contourner la prophétie du Choixpeau, il n'a pas de pouvoir sur un autre élément capital du monde sorcier : la baguette. « La baguette choisit son sorcier », annonce monsieur Ollivander comme un oracle.

Sans tomber dans la dimension religieuse ni dans l'excès du *Jacques le Fataliste et son maître* de Diderot, qui a pour doctrine « Tout ce qui nous arrive ici-bas est écrit là-haut », ne cherchez pas à tout contrôler. Pour accepter de vous en remettre parfois à votre destin, il vous faudra faire un grand travail d'introspection : apprenez à vous protéger, à écouter vos émotions, à anticiper vos réactions. Par exemple, vous avez un dîner prévu avec un flirt : plutôt que de vous dire « advienne que pourra, les dés sont jetés », passez en revue les possibilités post-restaurant qui s'offrent à vous – poursuivre le dîner dans un bar, rentrer chacun chez soi, ou repartir ensemble ! Ainsi, vous ne serez pas pris au dépourvu et aurez le sentiment d'avoir pris une part active à la décision sans que tout ne vous échappe…

Vous pouvez, comme Harry le fait parfois, vous laissez porter par le cours des choses ; mais ne remettez pas votre destin dans les mains des autres. Exprimez vos propres désirs sans les calquer sur ceux de vos proches, vous aurez moins l'impression de subir les événements. Ne vous imposez plus des situations qui vous déplaisent : sans entrer dans des justifications à tiroirs ou de la culpabilité dévorante, autorisez-vous à dire simplement « non » lorsque quelque chose ne vous convient pas.

Par exemple, voici des astuces pour décliner votre présence à un événement auquel vous ne souhaitez pas participer : premièrement, remercier de l'intérêt que la personne vous porte et la rassurer quant à la qualité de sa proposition (« J'ai bien reçu ton message concernant le pot de départ de Christine et je te remercie d'avoir pensé à moi »), décliner votre participation en étant poli mais ferme (« Je ne serai malheureusement pas disponible pour me joindre à vous »), finir sur une note positive et personnelle (« Je suis certaine que Robert le cuistot va régaler l'assemblée de ses fameux feuilletés à la saucisse ! »).

Conseil de Potterhead. *Laissez parfois arriver ce qui doit arriver !*

« Rogue commença par faire l'appel.
Lorsqu'il fut arrivé au nom de Harry,
il marqua une pause.
"Ah oui, dit-il. Harry Potter.
Notre nouvelle… célébrité." »

– **Rogue,**
Harry Potter à l'école des sorciers **(1997)**

« Même chez les gobelins vous êtes célèbre,
Harry Potter »

– **Gripsec à Harry,**
Harry Potter et les Reliques de la Mort, partie 2 **(2011)**

HARRY EST RESTÉ HUMBLE MALGRÉ SA CÉLÉBRITÉ

« Il va devenir célèbre,
une véritable légende vivante.
On écrira des livres sur lui.
Tous les enfants du monde
connaîtront son nom. »

– Professeur McGonagall,
Harry Potter à l'école des sorciers (2001)

Harry Potter a vécu son enfance dans l'anonymat le plus absolu, dans le but d'être protégé, et c'est Dumbledore qui le précise à Minerva McGonagall : « C'est vrai, dit Dumbledore en la regardant d'un air très sérieux par-dessus ses lunettes en demi-lune. Il y aurait de quoi tourner la tête de n'importe quel enfant. Être célèbre avant même d'avoir appris à marcher et à parler ! Célèbre pour quelque chose dont il ne sera même pas capable de se souvenir ! Ne comprenez-vous pas qu'il vaut beaucoup mieux pour lui qu'il grandisse à l'écart de tout cela jusqu'à ce qu'il soit prêt à l'assumer ? » (*Harry Potter à l'école des sorciers*)

C'est sa séance d'achats au Chemin de Traverse (*Harry Potter à l'école des sorciers*) qui lui révèle, en même temps qu'il découvre l'univers des sorciers, qu'il est célèbre. Hagrid joue en quelque sorte le rôle de garde du corps : avec sa carrure de géant, il fait barrière entre Harry et les personnes qui l'interpellent et le saluent. Monsieur Ollivander, lors de la mythique scène de l'acquisition de la baguette, attendait la visite de Harry et lui prévoit également un avenir brillant (« Vous êtes appelé à faire de grandes choses ! »).

Pour autant, Harry n'utilisera jamais sa célébrité pour avoir un passe-droit et n'en tirera jamais le moindre bénéfice. Il ne vit pas très bien sa renommée, car elle est reliée à sa tragédie personnelle, la mort de ses parents. Comme toutes les personnes ayant un destin hors-norme, il aurait très certainement préféré naître dans une famille banale et vivre une existence paisible. En ce sens, il doit envier la vie de son ami Ron dans une famille nombreuse de sorciers ou même celle de Drago, qui est très proche de ses parents.

Il relativise toujours les péripéties auxquelles il est confronté auprès de ses camarades et se dévalorise, consciemment ou pas : « Ça semble génial quand on le raconte comme ça. En fait, ça a souvent été un coup de chance. Je ne savais pas ce que je faisais les trois quarts du temps et j'ai toujours reçu de l'aide. » Ce à quoi Hermione répond : « Harry est trop modeste. » (*Harry Potter et les Reliques de la Mort*)

La célébrité de Harry est parfois un sujet de crispation avec Ron. Dès leur premier échange dans le Poudlard Express, Ron s'extasie de la présence de Harry et demande à voir sa cicatrice. Quelques années plus tard, Harry lui fait la réflexion lors d'une dispute : « Peut-être même que tu auras une cicatrice, maintenant, si tu as de la chance… C'est ça que tu veux, non ? » (*Harry Potter et la Coupe de feu*)

À l'époque de la téléréalité et des influenceurs, soyez comme Harry, restez humble et modeste ! Ne courez pas après les « like » sur les réseaux sociaux : votre déjeuner, votre trajet de course à pied ou votre dernier lieu de vacances n'intéressant pas forcément tout Internet ! Conservez votre jardin secret, votre petite part de mystère. Peut-être qu'un de vos talents, votre héritage familial ou votre situation financière vous donnent accès à une certaine notoriété ? Si c'est le cas, faites profil bas et ne dévoilez pas toutes vos cartes au premier venu !

Conseil de Potterhead. *Gardez les pieds sur terre !*

PORTRAIT CHINOIS DE VOTRE PERSONNAGE D'HARRY POTTER

Coloriez la caractéristique qui vous correspond le mieux…

La baguette
de Sureau

La Pierre de
Résurrection

La Cape
d'Invisibilité

Une
Relique
de la Mort

Le buffet
de rentrée

La cérémonie
du Choixpeau

Le bal de Noël
du Tournoi
des Trois Sorciers

La coupe
de Quidditch

Un événement

« La peur d’un nom ne fait qu’accroître
la peur de la chose elle-même. »

– **Hermione à Drago,**
Harry Potter et la Chambre des secrets **(2002)**

HARRY NE MONTRE PAS SA PEUR

« Ce qui signifie que ce dont vous avez le plus peur est la peur elle-même ? Voilà qui est digne d'un grand sorcier, Harry. »

– Remus Lupin,
Harry Potter et le Prisonnier d'Azkaban (2004)

La peur est une thématique récurrente dans *Harry Potter* : c'est la peur qui empêche les sorciers de prononcer le nom de Celui-dont-on-ne-doit-pas-prononcer-le-nom. Les créatures les plus terrifiantes s'enchaînent, comme Aragog ou le basilic – qui ne sont finalement qu'une araignée et un serpent – qui représentent les phobies infantiles classiques, en version XXL.

Harry Potter a vécu de nombreux épisodes effrayants : les lieux auxquels il est confronté ne sont clairement pas paradisiaques, comme la Forêt interdite, les sous-sols de Poudlard, la Chambre des secrets. Il est attaqué à de nombreuses reprises par les Détraqueurs, il est régulièrement pris à parti par des élèves de Serpentard ou par certains professeurs au fil de ses études. Il se retrouve également jugé à la va-vite par le tribunal du ministère de la Magie. Dans *Harry Potter et la Coupe de feu,* Harry doit traverser, à la manière des 12 travaux d'Hercule, différentes épreuves initiatiques, chacune ayant une résonnance dans les cauchemars et les peurs enfantines mais également une symbolique forte : les attaques d'oiseaux et l'envol pour l'œuf de dragon, la noyade (qui renvoie parfois en psychanalyse à l'acte sexuel) et la quête pour le lac ; puis la perte et l'errement – numéro 1 des cauchemars – pour le labyrinthe. Ce tome est vécu comme un basculement de l'adolescence vers l'âge adulte pour Harry.

Il existe dans l'univers de Harry un *no-mans-land* entre les vivants et les morts dans lequel errent plusieurs créatures dignes de *Walking Dead* : les Détraqueurs qui aspirent l'âme de leur victime ou encore les inferi, cadavres réanimés par Lord Voldemort lui-même pour constituer son armée. Les fantômes de la galerie des tableaux, s'ils ne font pas peur aux élèves, appartiennent également à ce monde et jouent un rôle de passeurs et de témoins auprès d'eux.

La peur est personnifiée par l'épouvantard, créature qui peut changer d'aspect à l'infini, en prenant la forme de ce qui effraie le plus son interlocuteur. Il se nourrit de la terreur des personnes qui lui font face et disparaît grâce au sort « *Ridiculus* », qui permet de transformer sa peur en une version humoristique. La fonction de l'épouvantard est très claire : il faut regarder la peur en face et la tourner en ridicule pour s'en débarrasser.

La peur de Harry est parfois perceptible, grâce au texte de J. K. Rowling ou au formidable jeu d'acteur de Daniel Radcliffe, mais n'est pas palpable par son entourage. Il est « l'Élu », il a une mission à remplir et ne peut pas s'en détourner. Il éprouve certainement de la peur, mais ne se laisse jamais déborder par elle.

Il existe différents types de peur : cela peut être une peur circonstanciée, c'est-à-dire liée à un moment en particulier (comme la rencontre avec un serpent, la traversée d'un pont) ou une peur permanente (peur de se blesser, peur de parler en public, par exemple). Il peut s'agir d'une peur réelle (être face à un tigre) ou impalpable (peur du noir), d'une peur ciblée (peur des serpents) ou d'une peur diffuse (peur de l'échec). Il existe aussi différents degrés, de la simple gêne passagère à la phobie qui gâche la vie.

Quelle que soit votre peur, vous ne devez pas vous laissez dévorer par elle. Harry arrive à faire la différence entre la ressentir et se laisser submerger par sa peur. Au contraire, cherchez à l'identifier, à l'apprivoiser, à l'accueillir même. Quand vous arrivez à un moment de peur, passez en mode « je reprends le contrôle » : respirez profondément en expirant longuement, concentrez-vous, ciblez votre regard sur un point fixe. Soyez conscient de votre peur et faites-lui une petite place au fond de vous. Plutôt que de la laisser entrer en vous par un braquage, accueillez-la à bras ouverts. Imaginez-vous dans une voiture : la peur est installée sur le siège passager mais c'est bien vous qui tenez le volant et qui décidez du moment où son voyage en votre compagnie prendra fin.

Devant l'épouvantard ou devant toute autre situation de stress, ne tremblez pas… Après un moment particulièrement anxiogène, en fin de journée, repensez à vos sensations, à comment vous ferez la prochaine fois pour améliorer ce passage délicat ou simplement quelle stratégie vous pourrez mettre en place pour ne pas y être confronté de nouveau (changer votre itinéraire, prévenir en amont que vous ne prendrez pas la parole, installer une veilleuse…). Pour des peurs plus profondes, n'hésitez pas à communiquer à cœur ouvert avec votre entourage et à leur partager les situations qui vous mettent en insécurité : ils seront certainement des alliés pour vous aider à y faire face et parfois même à trouver les causes profondes de ces peurs. Le fait d'en parler les rend réelles et aide à les accepter et à les atténuer.

Conseil de Potterhead. *Sachez nommer vos peurs pour mieux les affronter !*

« Pour la première fois, Harry comprit pourquoi on disait qu'Albus Dumbledore était le seul sorcier que Voldemort eût jamais craint. »

– *Harry Potter et la Coupe de feu* (2005)

« Harry essaya d'assimiler cette vérité monstrueuse et incompréhensible : jamais plus Dumbledore ne lui parlerait, jamais plus il ne pourrait lui venir en aide. »

– *Harry Potter et le Prince de Sang-Mêlé* (2005)

HARRY EST FIDÈLE À SON MENTOR

« Tu oublies la plus grande faiblesse
de Dumbledore : il voit toujours
les gens meilleurs qu'ils ne sont. »

– Rogue,
Harry Potter et le Prince de Sang-Mêlé (2009)

L'admiration qu'a Harry pour Dumbledore survit à plus d'une crise. Leur relation est bien plus que celle d'un élève et de son professeur ou directeur. Il ne fait aucun doute que Harry considère Albus Dumbledore comme un père, ou plutôt comme un grand-père. Dumbledore cherche toujours à encourager Harry et à lui apprendre des choses, sans pour autant le prendre par la main ou lui dire explicitement quoi faire.

Dumbledore lui transmet toutes les grandes valeurs qui vont forger sa personnalité (« Ce qui compte, ce n'est pas la naissance, mais ce que l'on devient. »). Il lui fournit de nombreux outils nécessaires pour survivre, qu'ils soient matériels, comme Fumseck, le phénix face au basilic ou la Cape d'Invisibilité, ou informationnels comme les Horcruxes. Il suit de près sa situation scolaire mais aussi sa situation personnelle : il se demande par exemple si Harry est amoureux de Hermione.

La transmission du savoir entre Dumbledore et Harry est évidente, même si elle se fait parfois un peu plus tardivement que Harry ne l'aurait voulu. On pourrait penser que Dumbledore culpabilise du fait que Harry soit orphelin et souhaite pallier un peu ce manque.

Notons que, pendant longtemps, Harry admire Dumbledore plus qu'il ne l'aime, contrairement à Hagrid pour lequel son affection se manifeste rapidement. Cependant, au cours de sa sixième année à Poudlard, Harry se rapproche véritablement de Dumbledore et lie avec lui une relation qui va au-delà de celle de mentor-apprenti. Harry n'a jamais oublié tout ce qu'il doit à Dumbledore, il n'a jamais cherché à prendre le dessus sur lui, même quand il n'était pas d'accord avec lui.

Vous avez peut-être dans votre entourage, personnel ou professionnel, une personne qui joue ce rôle de mentor auprès de vous : quelqu'un d'expérience qui vous en fait profiter mais vous laisse aussi faire vos propres choix, quelqu'un qui cherche à vous élever sans vous écraser, quelqu'un qui ne vous donnera pas de réponses toutes faites mais qui saura vous poser les bonnes questions. Pensez à cette personne, à ce que vous lui devez, et soyez-lui toujours loyal. Comme Harry qui a mis en place l'Armée de Dumbledore, montrez-lui que vous n'attendez pas tout de lui, mais que vous serez prêt à monter au créneau pour le défendre dès qu'il le faudra.

Conseil de Potterhead. *Sachez reconnaître ce que vous devez et à qui vous le devez !*

« Tu t'apercevras vite que certaines familles
de sorcier valent mieux que d'autres, Potter.
Évite de choisir tes amis
parmi les gens douteux. »

– Drago à Harry,
Harry Potter à l'école des sorciers (2001)

Harry n'est pas impressionné par les people

« La renommée est un ami infidèle, Harry.
La célébrité ne peut donner que ce qu'elle a, Harry.
N'oublie jamais ça ! »

– Gilderoy Lockhart à Harry,
Harry Potter et la Chambre des secrets (2002)

Gilderoy Lockhart est le personnage « people » de la saga. Son apparition au début de *Harry Potter et la Chambre des secrets* en montre toutes les caractéristiques : il est le comble du mégalomane, aime être au centre de l'attention (« Est-ce que tout le monde me voit ? Est-ce que tout le monde m'entend ? »), adore signer des autographes… Il parle même de lui à la troisième personne. Il est son meilleur agent commercial et vend son livre chaque fois qu'il en a l'occasion.

Gilderoy aime jouer de son succès auprès de la gent féminine en particulier, mères comme filles, qui se pâme devant lui comme devant un chanteur pour midinettes. Les garçons sont beaucoup moins sensibles à son charme comme par exemple Ron et son expression blasée « Maman l'aime beaucoup ». C'est un personnage paradoxal : sa voix maniérée, ses vêtements ridicules, et surtout ses mauvaises compétences de sorcier le tournent en ridicule.

À travers Gilderoy Lockhart et *Sorcière-Hebdo*, J. K. Rowling propose une critique du système médiatique : plutôt que d'enquêter sur le contenu des livres de Lockhart et la véracité de ses propos, le journal s'est contenté de rester en surface sur les apparences en lui décernant le prix du sourire le plus charmeur (cinq fois d'affilée !).

Harry le snobe, voire même le méprise. Peut-être a-t-il dès le départ percé sa vraie nature : Gilderoy a usurpé les mérites d'autres sorciers plus méritants, à qui il efface ensuite les souvenirs grâce à un sortilège d'amnésie (« *Oubliettes*[1] »). Il est en réalité très mauvais sorcier. Harry n'est d'ailleurs – à raison ! – pas ravi d'être soigné par lui après sa partie de Quidditch (en effet, au lieu de réparer la fracture de son poignet, il fait disparaître ses

1. « *Oubliettes* » est d'ailleurs un des rares sorts à être formulé sans base latine (contrairement à la version anglaise, « *Obliviate* » !).

os et promet Harry à une convalescence lente et douloureuse. En plus, il a le culot de répliquer, à peine contrarié : « De toute évidence, les os ne sont plus cassés maintenant ! »). Finalement, comble de l'ironie, Gilderoy Lockhart sera lui-même victime de son fameux sort d'amnésie et finira par oublier qui il est, lui qui s'aimait tant.

Gilderoy Lockhart n'existe que par la ruse et les mécanismes du « star system », mais il est en fait vide et vain. Harry au contraire a une mission à mener à bien et se concentre sur cet objectif. Il ne minaude pas, il ne cherche pas à séduire ni par son apparence ni par ses paroles. Harry est l'anti-people.

La maison Serpentard a aussi un côté « star system » : les grandes familles de sorciers qui ont l'argent et le pouvoir s'y trouvent, alors que les familles appartenant à Gryffondor sont plus modestes. Le plus connu d'entre eux est si terrible qu'on ne peut pas prononcer son nom… Severus Rogue, bien que Serpentard, est tout l'opposé : toujours vêtu de noir, il est très discret et ne cherche pas à attirer la lumière, il préfère agir dans l'ombre. Cela vient peut-être du fait que Rogue se place plutôt du côté du « fan » (de Lily Potter) ou de « l'aide » (de Harry) que sous le feu des projecteurs.

Harry n'est pas impressionné par tout cela : il sait que la célébrité peut apporter bien des ennuis, il en a vécu les prémisses malgré lui avec le poids de son héritage. Harry préfère s'attacher à la personne elle-même plus qu'à son statut. Il n'a pas grandi dans l'opulence des manoirs comme les Malefoy, mais il sait que la valeur des gens ne se mesure pas à la taille de leur compte à la banque Gringotts.

Comme Harry, ne vous laissez pas jeter de la poudre aux yeux : notre monde contemporain est plein de célébrités à la petite semaine qui, à l'instar de Gilderoy Lockhart, n'ont que du vide à offrir. Avec l'explosion des réseaux sociaux et des émissions de téléréalité, tout le monde peut devenir riche et célèbre du jour au lendemain. Visez plutôt le long terme en misant sur vos compétences et vos talents.

Les réseaux sociaux sont le prisme grossissant de cette réalité virtuelle et des Gilderoy Lockhart en devenir. Ne vous laissez pas berner par les apparences. Les angles de vue choisis et les nombreux filtres font dire ce qu'ils veulent aux images. Les paysages magnifiques et les placements de produits en continu des influenceurs n'ont qu'un seul but : nous faire dépenser pour leur faire gagner plus. Soyez conscient de ce processus et considérez toutes ces images pour ce qu'elles sont : un certain point de vue de la réalité, embelli, préparé et recadré.

Conseil de Potterhead. *Ne vous laissez pas aveugler par les paillettes !*

« Pas à Serpentard ? Serpentard t'aiderait singulièrement sur le chemin de la grandeur (...). Alors ? Non ? Vraiment ? Très bien, si tu es sûr de toi il vaut mieux t'envoyer à... Gryffondor ! »

– Le Choixpeau à Harry,
Harry Potter à l'école des sorciers **(2001)**

Harry fait ses propres choix

« Il m'a envoyé à Gryffondor parce que j'ai demandé à ne pas aller chez les Serpentard.
— Exactement. C'est ce qui te rend très différent de Tom Jedusor. Ce sont nos choix, Harry, qui montrent ce que nous sommes vraiment, beaucoup plus que nos aptitudes. »

– Dumbledore et Harry,
Harry Potter et la Chambre des secrets (2002)

À première vue, on peut penser que toute l'intrigue de Harry Potter est basée sur la destinée : Sibylle Trelawney (Sibylle signifie « celle qui lit l'avenir », en latin) énonce à Dumbledore une prophétie : « Celui qui a le pouvoir de vaincre le Seigneur des Ténèbres approche... il naîtra de ceux qui l'ont par trois fois défié, il sera né lorsque mourra le septième mois... et le Seigneur des Ténèbres le marquera comme son égal mais il aura un pouvoir que le Seigneur des Ténèbres ignore... et l'un devra mourir de la main de l'autre car aucun d'eux ne peut vivre tant que l'autre survit… »

(*Harry Potter et l'Ordre du Phénix*). Les événements majeurs semblent découler d'un « c'était écrit » comme s'il n'y avait pas d'autres alternatives possibles.

Il y a pourtant deux événements fondamentaux durant lesquels les personnages ont réussi par leur force de caractère à détourner le destin :

Quand Lily Potter réussit à conjurer le sort de Voldemort. Même si c'est une très bonne sorcière, elle a dû puiser au fond d'elle une force incroyable pour réussir à vaincre le Seigneur des Ténèbres, et c'est grâce à son amour maternel.

Normalement, c'est le Choixpeau qui détermine la maison dans laquelle l'élève sera envoyé, selon ses projets, ses qualités, ses ambitions. Or Harry, lors de la scène de la répartition dans les quatre maisons de Poudlard, murmure les yeux fermés, presque suppliant : « Pas à Serpentard… pas à Serpentard… ». Il en connaît pourtant à ce moment-là très peu de choses (ce que Hagrid lui a raconté lors de leur visite au Chemin de Traverse, ainsi qu'un aperçu dissuasif avec Drago Malefoy). Il ne demande d'ailleurs pas spécifiquement à aller à Gryffondor, juste de ne pas aller à Serpentard. Là encore, comme sa mère onze ans plus tôt, il puise en lui une force incroyable, si puissante que le Choixpeau s'incline et l'envoie dans la maison rouge et or.

Certains éléments de notre vie sont prédestinés et nous ne pouvons pas y échapper. Ils sont déterminés par notre origine familiale, notre milieu social, notre caractère. Mais il faut savoir parfois s'en affranchir.

Si une situation ne vous convient pas, que vous vous sentez mal à l'aise dans un contexte, ne vous laissez pas happer par les événements par peur, par habitude ou même par lassitude. Posez-vous la question : « Et moi, qu'est-ce que je veux vraiment ? Est-ce que je suis OK avec ce que l'on me propose ou est-ce que je veux proposer autre chose ? ».

Vous devez être le conducteur de votre propre véhicule et plus un simple passager sur un strapontin, balloté à chaque virage. Même si la vie est aussi chaotique que le Magicobus dans les rues de Londres, vous avez le droit de tenir fermement votre volant et de choisir votre direction !

Conseil de Potterhead. *Tracez votre propre chemin !*

Portrait chinois de votre personnage d'Harry Potter

Coloriez la caractéristique qui vous correspond le mieux…

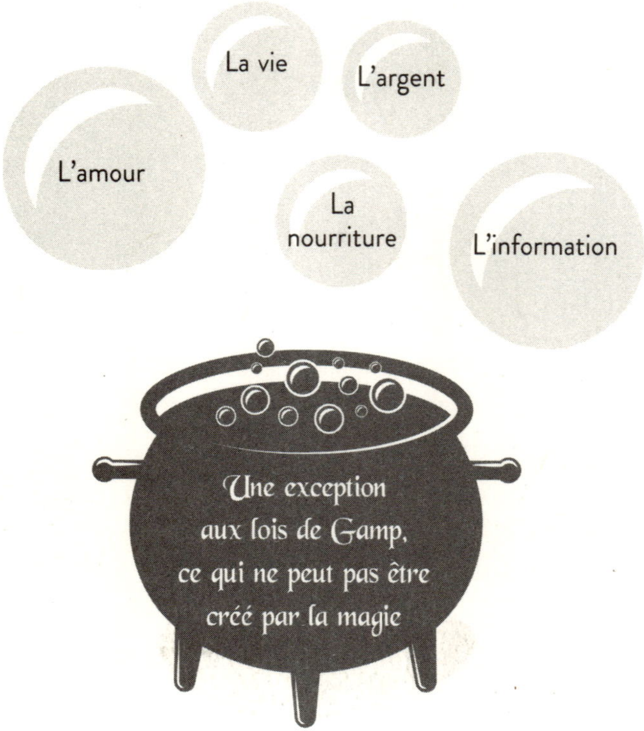

Le Chicaneur
Sorcière-Hebdo
La Gazette du Sorcier
Un journal
Un rat
Un chien
Un chat
Un cerf
Un Animagus

*« Avant que vous ne tentiez de me tuer (...)
réfléchissez et essayez d'éprouver
un peu de remords, Jedusor (...)
c'est votre unique et dernière chance ! »*

– Harry à Lord Voldemort,
Harry Potter et les Reliques de la Mort (2007)

HARRY EST DE BON CONSEIL

« Je jure solennellement
que mes intentions sont mauvaises »
– *Harry Potter et le Prisonnier d'Azkaban* (1999)

Harry Potter est peu loquace : il s'exprime très bien et fait preuve d'un vocabulaire très riche pour un garçon de son âge, mais il parle peu, comme s'il économisait ses mots. Malgré son jeune âge, il est peu à peu désigné comme un chef incontesté. C'est flagrant dans *Harry Potter et l'Ordre du Phénix*, le tome qui le fait basculer dans l'âge adulte : créateur de l'Armée de Dumbledore, il doit réunir autour de lui et convaincre les étudiants de Poudlard. Il est aidé par Hermione, sa « chargée de com' », mais c'est grâce à ses bonnes paroles qu'il arrive à convaincre ses camarades.

Plus qu'un bon orateur, c'est un prêcheur. Comme Dumbledore l'a fait avec lui, il tente de guider ses interlocuteurs et de les aider à prendre les bonnes décisions. Même devant Celui-dont-on-ne-doit-pas-prononcer-le-nom, Harry ne se dégonfle pas : il l'exhorte à utiliser sa dernière chance.

Il va vous falloir jouer les équilibristes pour remettre les gens dans le droit chemin sans passer pour un donneur de leçons : ne faites pas celui qui a tout vu et tout vécu, c'est insupportable. Pour distiller vos conseils, basez-vous sur ce que votre interlocuteur vous a raconté, sur son expérience propre plutôt que de tout calquer sur la vôtre. Évitez les « moi, à ta place » qui n'aident pas la personne et créent une sorte de frustration.

Plutôt que d'apporter des réponses toutes faites, posez les bonnes questions : on dit souvent que les bons psys parlent peu et écoutent beaucoup. C'est aussi grâce à cette qualité que Harry aurait pu devenir un très bon professeur : il sait écouter les autres et parler au bon moment, il aide ses proches à réfléchir par eux-mêmes. Petit à petit, vous saurez aussi orienter vos questions pour aider votre interlocuteur à trouver ses propres réponses.

Par exemple, évitez au maximum de poser des questions qui commencent par « Pourquoi », car cela implique une justification, un jugement. Transformez le début de cette question en « Comment », qui appelle à plus de recul et d'analyse. Par exemple, à la question « Pourquoi tu ne sors qu'avec des abrutis ? » il est fort probable que votre amie se sente agressée et obligée au pire de nier, au mieux de se justifier. Si vous lui demandez à la place « Comment pourrais-tu expliquer que tu ne sortes qu'avec des abrutis ? », cela va l'amener par la force des choses à réfléchir en se décentrant de la question et chercher une réponse objective.

Conseil de Potterhead. *Guider vos proches, c'est vous guider vous-même !*

« Harry Potter est vaillant et audacieux !
Il a déjà bravé tant de dangers ! »

– Dobby,
Harry Potter et la Chambre des secrets (2002)

« Je vais le répéter, Harry, dit Dumbledore tandis que le phénix s'envolait pour reprendre place sur son perchoir. Tu as fait preuve d'une bravoure qui dépasse tout ce que j'aurais pu attendre de toi. Tu as manifesté le même courage que ceux qui sont morts en combattant Voldemort lorsqu'il était au sommet de sa puissance. Ce soir, tu as porté sur tes épaules le fardeau d'un sorcier aguerri et tu t'es montré à la hauteur de l'épreuve. »

– Dumbledore à Harry,
Harry Potter et la Coupe de feu (2000)

HARRY EST COURAGEUX

« Il faut du courage pour affronter
ses ennemis mais il en faut encore plus
pour affronter ses amis... »

– Dumbledore à Neville,
Harry Potter à l'école des sorciers (2001)

Le courage est une des valeurs prônées par la maison Gryffondor, avec la force, la bravoure et la détermination. C'est un trait de caractère important de Harry, et tout le monde le lui reconnaît : les Weasley qui l'affectionnent particulièrement, ses camarades de classe qui l'admirent ou le craignent selon leur maison d'appartenance, et même les professeurs de Poudlard qui lui vouent beaucoup de respect.

Les occasions pour Harry de démontrer son courage ne manquent pas au cours des différents livres et films, et cela commence dès la promenade au Chemin de Traverse en compagnie de Hagrid, où Harry Potter laisse son enthousiasme prendre le pas sur sa timidité. Il fait preuve d'un grand courage lors de ses nombreux affrontements : face à l'échiquier, le basilic, les Détraqueurs, les Mangemorts… Cela ne veut pas dire que Harry n'a pas peur, mais qu'il arrive à apprivoiser sa peur et à la transformer en force. Le courage, c'est l'énergie, la force d'agir malgré les difficultés.

Pour devenir toujours plus courageux, il vous faudra passer par plusieurs étapes : tout d'abord, accepter ses peurs. Le courage qui vous manque peut se traduire de différentes façons : il vous manque le courage de prendre la parole en public, il vous manque le courage de sauter en parachute, il vous manque le courage de dire ses quatre vérités à votre belle-sœur, il vous manque le courage d'entreprendre la formation dont vous rêvez depuis toujours. Cela demande une certaine introspection et une capacité de prise de recul. Une fois vos peurs ou vos obstacles identifiés, vous saurez trouver comment les contourner.

Pour cela, fixez-vous des objectifs accessibles et limités dans le temps, comme des petits défis hebdomadaires que vous pourrez ensuite évaluer. Cela ne sert à rien de vouloir escalader le mont Blanc si vous n'êtes pas du tout sportif, mais cela peut être votre objectif à long terme. Pour l'atteindre, vous allez passer par des petits objectifs intermédiaires, comme une grande marche chaque semaine et des cours d'escalade, qui vous permettront un jour d'apercevoir l'ascension du mont Blanc comme une ligne d'arrivée qui sera à votre portée. Il est toujours plus facile de se focaliser sur ce que l'on n'arrive pas à faire. Soyez bienveillant avec vous-même, sans être complaisant : voyez vos progrès, le chemin que vous avez parcouru, et réajustez votre objectif. Il ne s'agit pas de vouloir accéder au sommet de la tour Eiffel mais de prendre votre courage à deux mains et de monter les escaliers. De cette manière, vous arriverez de façon bien plus certaine en haut de la tour.

Conseil de Potterhead. *Visez toujours plus haut, vous pourrez enjamber les obstacles !*

« Voilà ce qu'ils devraient nous enseigner,
songea-t-il en se tournant sur le côté,
comment fonctionne le cerveau des filles… Ce serait
sûrement plus utile que la divination… »

– *Harry Potter et l'Ordre du Phénix* (2003)

« Harry tourna la tête et vit Ginny courir vers lui.
Elle se jeta dans ses bras, le visage résolu,
le regard flamboyant. Alors, sans réfléchir,
sans se soucier des cinquante personnes
qui les regardaient, Harry l'embrassa. »

– *Harry Potter et le Prince de Sang-Mêlé* (2005)

Harry est un romantique

« Il ressentit un étrange pincement
d'agacement alors qu'elle s'éloignait,
ses longs cheveux roux dansant derrière elle. »

– *Harry Potter et le Prince de Sang-Mêlé* (2005)

Les personnages de Harry Potter ont grandi avec leurs lecteurs et spectateurs, qui les ont accompagnés de leur préadolescence à l'âge adulte. En théorie, le sujet primordial qui anime toutes les intrigues et toutes les discussions, c'est l'amour ! Mais il faut dire qu'à Poudlard, entre la Chambre des secrets, les Reliques de la Mort et la carte du Maraudeur, il reste peu de place pour le flirt…

Le tome qui donne la part belle aux amours adolescents est clairement *Harry Potter et la Coupe de feu*. L'arrivée d'autres personnages, comme les sulfureuses étudiantes de Beauxbâtons, permet de redistribuer les cartes et de multiplier les possibilités de flirt. L'apogée est le bal de Noël du Tournoi des Trois Sorciers, sorte de bal de promo pour sorciers, où chacun porte les plus belles toilettes.

Harry aurait pu profiter de son statut un peu à part de célébrité, minauder avec sa cicatrice ou jouer le bad boy qui a déjà de la bouteille. Mais il n'en fait rien, il est au contraire plutôt pataud et coincé. Il demande même des conseils sur le fonctionnement des filles auprès de Ron : « Pourquoi faut-il qu'elles se promènent en troupeaux ? dit Harry à Ron en voyant passer devant eux une douzaine de filles qui pouffaient de rire. Comment on fait pour en prendre une à part et lui demander si elle veut venir au bal ? » (*Harry Potter et la Coupe de feu*).

Il aurait été trop simple, et peu intéressant, que Harry et Hermione soient amoureux : les relations entre les deux Gryffondor sont d'ordre fraternelles, et il n'y a pas de place pour l'ambiguïté. Depuis la scène du quai 9 ¾, on comprend que Ginny Weasley a un faible pour Harry, sans doute le cliché de la petite sœur qui a le béguin pour le meilleur ami de son grand frère. La mésaventure de la Chambre des secrets, et la symbolique de Harry qui doit sauver Ginny, possédée par Tom Jedusor, va grandement contribuer à leur rapprochement.

À part sa petite incartade avec Cho Chang, Harry ne pensera qu'à Ginny Weasley et pour cause, elle lui ressemble beaucoup. Admise à Gryffondor tout comme lui, c'est une personne entière, courageuse, persévérante. Ils poursuivent le même but, c'est une sorte de double de Harry au féminin. À partir de la révélation de l'Armée de Dumbledore, Ginny apparaît de plus en plus auprès de Ron, Hermione et Harry qui passent d'un trio d'amis à une doublette de couples. Dès *Harry Potter et le Prince de Sang-Mêlé*, Harry et Ginny et Ron et Hermione se retrouvent attablés ensemble, comme deux couples qui partagent un repas à quatre.

Il aura fallu du temps à Harry pour se rendre compte que Ginny était la femme de sa vie. D'une relation de « petite sœur de », Harry et Ginny passent petit à petit par un stade amical, puis par une relation d'équipe plus proche, pour qu'enfin leur désir l'un pour l'autre s'éveille au grand jour. Dès le tome 2, *Harry Potter et la Chambre des secrets*, Ginny prend sa défense et est rembarrée par Drago lors de la scène d'entraînement au Quidditch. Lorsque Harry arrive en vacances chez les Weasley (*Harry Potter et le Prince de Sang-Mêlé*), c'est Ginny qui lui saute dans les bras la première. Harry est souvent cité admirant les cheveux de Ginny par exemple, tandis qu'elle rougit de moins en moins à son contact et ose lui parler d'égale à égal.

Harry est un partenaire attentif, mais pas plan-plan : il incite toujours sa moitié à donner le meilleur d'elle-même. C'est un amoureux fiable, qui est prêt à prendre la défense de sa chérie et à la protéger. Il aime être dans le rôle du « sauveur » mais ne souhaite pas non plus avoir une potiche. Son comportement est exemplaire, il n'établit pas de relation de séduction avec qui que ce soit d'autre, il n'est jamais vu en train de draguer ou de minauder.

Ginny sera son grand amour puisqu'ils finiront mariés avec trois enfants. Si on ne vous demande pas de vous projeter dans de tels engagements dès le début, prenez chaque relation au sérieux en mettant toutes les chances de votre côté et en courant un seul lièvre à la fois. La confiance est la valeur sûre de la vie conjugale : faites en sorte que votre moitié ne regrette pas de vous avoir accordé la sienne.

Conseil de Potterhead. *Écoutez toujours vos sentiments, ils sont les meilleurs conseillers !*

« À compter de ce moment, Hermione devint amie avec Ron et Harry. Il se crée des liens particuliers lorsqu'on fait ensemble certaines choses. Abattre un troll de quatre mètres de haut, par exemple. »

– *Harry Potter à l'école des sorciers* (1997)

« Pourquoi quand il arrive quelque chose,
faut-il toujours que cela soit vous trois ?
— Croyez-moi, professeur, je me pose la même
question depuis six ans ! »

– Professeur McGonagall et Ron,
Harry Potter et le Prince de Sang-Mêlé (2009)

HARRY EST UN AMI FIDÈLE

« J'ai tout appris dans les livres.
Mais il y a des choses beaucoup
plus importantes, l'amitié, le courage. »

– Hermione,
Harry Potter à l'école des sorciers (2001)

Harry Potter est une saga fantastique mais c'est avant tout une histoire d'amitié entre trois jeunes adolescents, Harry, Ron et Hermione, qui sont en fait des personnages bien plus complexes qu'il n'y paraît au premier regard. Ils ont chacun leurs propres traits de caractère, mais aussi leurs propres souffrances et leurs propres démons avec lesquels composer.

La scène du Poudlard Express est pour cela emblématique et scelle la relation entre Ron et Harry : Ron joue le rôle de « l'initiateur », c'est d'ailleurs par la suite uniquement dans les moments où Ron lui fait découvrir le monde des sorciers qu'il est en situation de supériorité par rapport à Harry.

Peu de temps après, c'est Harry qui prend le pas en proposant d'acheter toutes les friandises… pour les partager avec son nouvel ami, bien entendu !

C'est à ce moment aussi que les deux comparses rencontrent Hermione (avec le fameux « *Oculus Reparo* » !) mais ils ne deviendront pas amis tout de suite : la première année s'écoule difficilement pour Hermione qui se sent différente des autres élèves et n'a pas d'ami. Cela n'est pas dû qu'à son statut de moldue, mais surtout à sa façon de répondre à toutes les questions en classe. On peut y voir de la part de ses camarades une pointe de jalousie envers ses compétences qu'elle a sans cesse besoin de prouver. Il faudra patienter presque jusqu'à la fin de *Harry Potter à l'école des sorciers* pour que leur trio se créé, après l'attaque du troll.

Ron et Hermione se taquinent régulièrement, leur grand point de friction étant les rapports entre le chat de l'une et le rat de l'autre – quelle ironie, surtout quand on sait qui était réellement caché derrière l'identité du rongeur ! Petit à petit, leurs taquineries vont se transformer en affection et ils vont finir par tomber amoureux.

La relation entre Harry et Ron est plus complexe : Ron souffre clairement d'un sentiment d'infériorité, de façon générale par rapport à ses grands frères mais aussi par rapport à Harry. Il rêve d'être mis dans la lumière et ne peut pas y parvenir avec un entourage aussi brillant et imposant. Plusieurs moments de friction apparaissent entre eux deux, notamment dans *Harry Potter et la Coupe de feu*, quand Harry est sélectionné malgré lui pour participer au Tournoi des Trois Sorciers. Leur dispute la plus mémorable a lieu pendant la chasse aux Horcruxes : Ron est poussé dans ses retranchements par l'âme de Voldemort qui lui dit tout ce qu'il faut pour le faire sortir de ses gonds.

Au-delà de Ron et Hermione, deux personnages secondaires prouvent leur qualité humaine et auraient pu devenir des amis proches de Harry si Ron et Hermione avaient laissé un peu de place. On peut citer en premier Neville Londubat, un personnage sympathique, drôle, maladroit et attachant qui a plusieurs points communs avec Harry. C'est d'ailleurs le fait d'oser affronter ses amis qui lui fera gagner dix points pour Gryffondor. La relation entre Harry et Luna Lovegood est intéressante aussi : c'est une jeune fille Serdaigle torturée, étrange – qui hérite du surnom de « Loufoca » – qui apporte beaucoup à Harry. Auprès d'elle, il se sent pleinement compris.

Harry Potter nous enseigne de nombreuses choses sur l'amitié : on n'est pas obligé de ressembler à ses amis pour bien s'entendre. Au contraire, les différences mutuelles nous enrichissent. Harry est devenu plus studieux au contact de Hermione et Ron lui a transmis le goût des moments en famille. Le sentiment de jalousie n'a pas sa place en amitié : Dumbledore disait « Les humains ont un don pour désirer ce qui leur fait le plus de mal ». Des sentiments ambivalents comme l'envie ou la jalousie peuvent parfois pointer le bout de leur nez mais il faut savoir les tenir à distance et ne pas se laisser gangréner par eux. S'ils prennent trop de place, la relation n'est plus saine et devient déséquilibrée. L'ami, c'est la personne qui nous veut du bien, qui est capable de se réjouir de nos réussites, qui ne craint pas que notre lumière lui fasse de l'ombre.

Le cours de la vie peut faire que l'on peut avoir besoin de s'éloigner un petit peu, d'aller à la rencontre de nouvelles personnes, pour mieux revenir ensuite – ou pas. Ne vous sentez pas obligé de conserver de vieilles amitiés avec lesquelles vous n'êtes plus en phase, parfois la vie fait que l'on emprunte des chemins différents. Les amitiés ne sont pas non plus obligées de se finir dans les cris et les larmes, ils arrivent parfois qu'elles s'éteignent tout doucement comme une bougie.

Un véritable ami sera fiable, on sait que l'on peut compter sur lui dans les moments difficiles. Ne soyez pas présent uniquement pour les bons moments ou les moments de fêtes, c'est dans les passages plus douloureux que l'on a besoin de sentir une personne sur laquelle on peut compter. « Les faux amis sont comme l'ombre, ils ne te suivent que quand la lumière brille ». C'est une belle leçon de Harry : il y a une part d'ombre et de lumière en chacun de nous…

Conseil de Potterhead. *Donnez sans compter à vos amis, c'est aussi agréable que recevoir !*

PORTRAIT CHINOIS DE VOTRE PERSONNAGE D'HARRY POTTER

Coloriez la caractéristique qui vous correspond le mieux…

Le Magicobus
Un hippogriffe
Une voiture volante
Un Nimbus 2000
Un moyen de transport

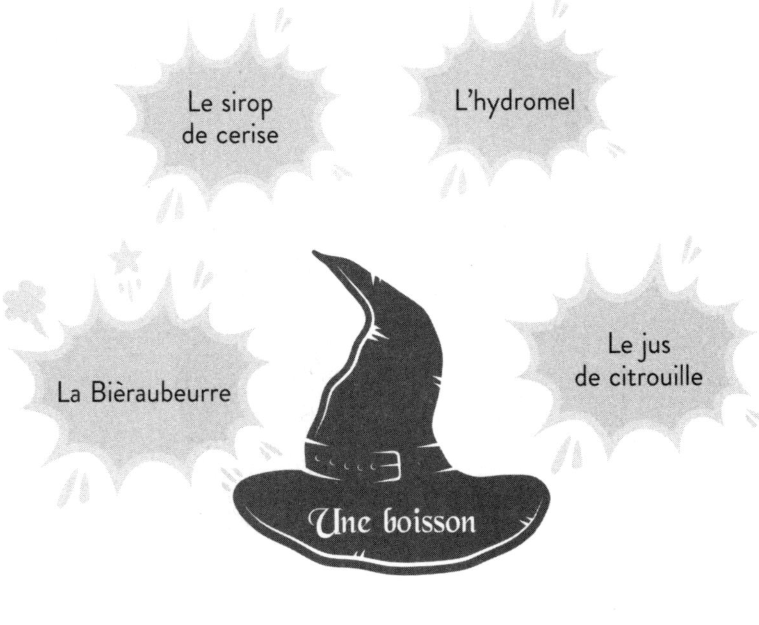
Le sirop de cerise
L'hydromel
La Bièraubeurre
Le jus de citrouille
Une boisson

« Tu es le vrai maître de la mort,
parce que la mort, le vrai maître ne cherche pas
à la fuir. Il accepte le fait qu'il doit mourir
et qu'il y a dans le monde des vivants des choses
pires, bien pires que la mort. »

– **Dumbledore,**
Harry Potter et les Reliques de la Mort (2007)

HARRY EST MÉLANCOLIQUE

« L'existence sous cette forme… rares sont ceux qui en voudraient. La mort serait préférable… »

– Professeur Slughorn à Tom Jedusor, *Harry Potter et le Prince de Sang-Mêlé* (2009)

Harry Potter est loin d'être un personnage léger ou guilleret. Les rares moments d'insouciance dont il profite ont lieu avec la famille Weasley et sont vite effacés par ses nombreuses préoccupations. Harry est pollué par son passé, nostalgique d'un temps qu'il n'a que très peu connu, où il était entouré de ses deux parents. Les anecdotes qu'il apprend au fur et à mesure sur James et Lily Potter l'aident à imaginer quel type de parents ils étaient. Harry prend conscience de leurs valeurs, et il sait que son existence aurait été complètement différente à leurs côtés. La perte de ses parents ainsi que le traitement subi chez les Dursley lui ont fait perdre son innocence et sa légèreté trop tôt. Il utilisera d'ailleurs tous les subterfuges à sa disposition, le miroir du Risèd ou la Pensine, pour combler sa mélancolie grandissante.

Le combat qu'il mène contre Voldemort et les forces du Mal ont également renforcé cette dureté. Contrairement aux enfants de son âge, il a pris conscience des enjeux du Bien et du Mal, il sait que les gens et la vie peuvent nous décevoir, il a peu de personnes sur qui compter vraiment. Dumbledore est toujours présent pour aider Harry à relativiser, comme dans *Harry Potter et le Prisonnier d'Azkaban* : « On peut trouver le bonheur même dans les moments le plus sombres… Il suffit de se souvenir d'allumer la lumière ». Il reprend plus tard la métaphore de la lumière directement dans son testament : « À Ronald Weasley, je lègue mon déluminateur, un objet de mon invention dans l'espoir que lorsque les choses lui paraîtront plus sombres, il lui apportera la lumière ».

« La tristesse nous ronge, la mélancolie nous cultive ». Harry ne se flagelle pas, ce n'est pas un conservateur ou un adepte du « c'était mieux avant ». Il a quasiment une « mélancolie du présent », un léger état dépressif. C'est cette mélancolie qui rend le personnage de Harry attachant. Il aurait vite pu glisser dans le pathos ou dans l'arrogance, mais sa mélancolie renforce son côté humain, qui est mis à mal par tous ses talents de magiciens et sa célébrité. C'est aussi sa mélancolie qui lui permet d'accéder à un stade de réflexion plus avancé, de faire preuve d'analyse et d'introspection. Comme les artistes torturés, poètes ou peintres, la mélancolie offre à Harry un regard nouveau, plus sensible, plus affûté, plus profond sur le monde qui l'entoure.

Il ne s'agit pas ici de mélancolie au titre psychiatrique du terme, mais plutôt d'un état sous-jacent passager. Certaines personnes auront des coups de blues du soir, la petite angoisse pré-coucher. On peut aussi parler de mélancolie saisonnière, selon comment le calendrier agit sur vous : certains auront une mélancolie du printemps quand la nature renaît, d'autres seront sensibles aux journées raccourcies et subiront une mélancolie hivernale.

Vous n'êtes pas obligé d'être le joyeux luron de la bande tous les jours de l'année ! Être mélancolique ou nostalgique n'empêche pas de savoir apprécier les bons moments de la vie. Permettez-vous de ne pas être tout le temps à 100 % de votre forme, partant pour faire la fête ou à l'affût du moindre jeu de mot. Les gens ne vous aimeront pas moins, au contraire : vous saurez que vous n'avez pas à faire semblant avec vos proches, car ils vous apprécient dans toute votre globalité et sont là pour vous accompagner. Vous avez le droit de vouloir parfois un peu de solitude, un peu de repos pour regarder dans le rétroviseur les éléments importants de votre vie. C'est ce comportement qui a permis à Harry de tenir le coup et d'aller au bout de sa quête.

Conseil de Potterhead. *Acceptez votre côté mélancolique et ne laissez personne vous reprocher vos émotions.*

« “C’est ça, l’ennui avec le quidditch, remarque distraitement Hermione qui s’était replongée dans sa traduction des anciennes runes. Ça crée des tensions et des sentiments hostiles entre les maisons.”

Elle leva la tête pour prendre son exemplaire du Syllabaire Lunerousse et vit que Fred, George, et Harry la regardaient tous les trois avec un mélange d’écœurement et d’incrédulité.

“C’est vrai ! insista-t-elle, agacée. Ce n’est quand même qu’un jeu, ne l’oublions pas.

— Hermione, répliqua Harry en hochant la tête, tu t’y connais peut-être très bien en sentiments et en trucs comme ça mais tu n’as jamais rien compris au Quidditch.” »

– **Hermione et Harry,**
Harry Potter et l’Ordre du Phénix (**2003**)

HARRY EST UN SPORTIF TALENTUEUX

« Si j'en vois un seul dans les airs, il sera renvoyé avant d'avoir eu le temps de dire "Quidditch" ! »

– Professeur Bibine,
Harry Potter à l'école des sorciers (2001)

Harry n'a rien du typique capitaine de l'équipe du lycée : pas de carrure d'armoire à glace, pas d'abdos en tablette de chocolat, pas de bande de copains avec qui traîner ou de filles accrochées à lui... En fait, Harry est plutôt pataud quand il est à Privet Drive, et ne semble pas être très dynamique (surtout parce qu'il n'a le droit de ne rien faire).

C'est par un coup du hasard que Harry découvre le Quidditch : en voulant s'interposer dans une dispute entre Neville et Drago, il enfourche son balai et se retrouve dans les airs. Le poste ne peut en théorie pas être occupé par un élève de première année, mais Dumbledore fera une entorse au règlement expressément pour lui !

Le tournoi annuel de Quidditch est l'occasion de mettre les quatre maisons en compétition, et il faut dire que les membres de Gryffondor sont particulièrement bons à ce sport. Harry possède toutes les qualités requises pour être un bon attrapeur : il est rapide, agile, réactif, réfléchi. Le fait que son père lui-même ait été attrapeur dans l'équipe de Gryffondor est une motivation supplémentaire pour Harry.

On ne peut pas se dire « sportif » ou « pas sportif », il existe tellement de sports différents ! Le type de sport que vous choisirez fera certainement écho à l'un de vos traits de caractère :

- Si vous avez besoin de canaliser votre énergie et de vous dépenser, les sports de raquette (tennis, squash) et les sports de combats (judo, karaté) seront parfaits pour vous.
- Si mesurer vos performances est important pour vous, vous pourrez vous fixer des défis grâce aux trails et autres courses à pied ou courses cycliste.
- Les pointilleux et précis trouveront leur bonheur dans le tir à l'arc ou le tir au pistolet.

- Si vous aimez être entouré, un sport d'équipe (basket, football) conviendra bien à votre caractère.

Ne rejetez pas le sport en bloc, n'hésitez pas à tester plusieurs activités, lors de vacances ou au gré des rencontres, afin de découvrir ce qui vous correspond le mieux. Même si vous ne trouverez pas de Nimbus 2001 ou de Quidditch, toutes les activités physiques développeront votre force, votre mental, et contribueront à votre épanouissement personnel.

Conseil de Potterhead. *Cultivez un corps sain pour accompagner votre esprit sain !*

« Songiez-vous à quel point cela serait ardu pour moi ? Est-ce pour cette raison que vous avez tout rendu si difficile ? Pour me donner le temps de comprendre moi-même ? »

– *Harry Potter et les Reliques de la Mort* (2007)

HARRY EST PERSÉVÉRANT

« Non, c'est ici que je suis né. Je ne reviens pas dans la peau d'un autre. »

– Harry,
Harry Potter et les Reliques de la Mort, partie 2 (2011)

Si on voulait être de mauvaise foi, on pourrait dire que Harry Potter n'a eu qu'à suivre son destin déjà tout tracé : il était prédestiné à être un grand sorcier, prédestiné à combattre Voldemort, prédestiné à faire de grandes choses. Ce serait mettre de côté un élément fondamental : Harry n'a jamais baissé les bras. Henri Poincaré, scientifique polyvalent dans la lignée de Dumbledore, a dit : « Si bien doué que l'on soit, on ne fait rien de grand sans travail ». C'est son talent, sa destinée, mais surtout sa persévérance et son travail qui lui ont permis de triompher.

La partie la plus emblématique de cette force de caractère prend corps lors du Tournoi des Trois Sorciers : dans un enchaînement d'épreuves qui fait écho aux 12 travaux d'Hercule, Harry doit faire preuve tour à tour d'agilité, de force physique, de stratégie ou de logique. Harry ne lâche jamais le morceau, il continue même, malgré le tournant difficile que prend le tournoi, de faire preuve d'altruisme, avec Cedric Diggory.

La persévérance est également la principale qualité de l'attrapeur : tout le match de Quidditch repose sur la volonté de l'attrapeur de ne jamais arrêter de poursuivre le vif d'or. Comme Harry Potter pendant les compétitions de Quidditch, restez focalisé sur votre objectif : c'est la cible à atteindre et rien ne pourra vous en détourner.

Harry a survécu à toutes les épreuves qu'il a traversées, il en sort à chaque fois marqué, mais grandi. « Ce qui ne me tue pas me rend plus fort », disait Nietzsche, philosophe dont Harry semble beaucoup s'inspirer. Épreuve après épreuve, Harry ne lâche rien et ne sombre pas dans la facilité. Il aurait pu plusieurs fois se laisser tenter par la facilité – facilité de rejoindre les Serpentard, facilité de rejoindre le camp de Voldemort – ou même capituler. Mais il a tenu bon, il a persévéré jusqu'au bout dans sa quête. Il a en ce sens une part d'orgueil, de fierté d'objectif atteint, mais qui n'est jamais ostentatoire ou manifeste.

J. K. Rowling a certainement transmis ce trait de caractère à son héros : n'oublions pas que le manuscrit *Harry Potter à l'école des sorciers* avait été proposé à des dizaines d'éditeurs avant d'être publié. Cela nous rappelle que l'on n'a rien sans douleur, sans travail. Il faut rester concentré sur son objectif ultime, que ce soit un dossier professionnel ; une performance sportive ou un défi personnel, le visualiser aide à s'en emparer. Vous pouvez le diviser en plusieurs petits objectifs en fixant des dates butoirs pour chaque étape sur une feuille de route. Pour ne pas abandonner en cours de route et rester sur le bord du chemin, fixez toujours la ligne d'arrivée et regardez parfois par-dessus votre épaule pour voir la distance parcourue.

Conseil de Potterhead. *Ne lâchez jamais le morceau !*

« Dobby avait entendu parler de votre grandeur, Monsieur, mais il ne savait rien de votre générosité ! »

– Dobby à Harry,
Harry Potter et la Chambre des secrets (2002)

HARRY EST GÉNÉREUX

« Si tu veux savoir ce que vaut un homme,
regarde donc comment il traite
ses inférieurs, pas ses égaux. »

– Sirius Black à Harry,
Harry Potter et la Coupe de feu (2001)

On se rend compte dès le premier tome de la générosité de Harry : dans le Poudlard Express, devant le peu d'enthousiasme que Ron démontre face au goûter préparé par sa mère, Harry achète la totalité des gourmandises proposées et les partage directement. Il fera preuve de cette générosité tout au long de leurs péripéties : le fait d'avoir manqué de beaucoup dans son enfance et de se retrouver à la tête d'une petite fortune à Gringotts ne lui a pas fait tourner la tête : il souhaite toujours partager.

Harry est généreux avec l'argent dont il dispose, mais il est aussi attentionné : c'est un bon camarade toujours à l'écoute et prêt à rendre service, avec Hermione et Ron mais aussi avec Neville,

Luna, Ginny… Ils se couvrent mutuellement et veillent les uns sur les autres. Il est également préoccupé par la condition humaine, par l'égalité. Cela se ressent dans la façon dont il traite Dobby et avec le tour qu'il joue à monsieur Malefoy (« Le maître a donné une chaussette à Dobby ? »).

Comme Harry, ne jugez pas les gens que vous rencontrez à l'épaisseur de leur portefeuille ou à leur statut social. Sachez penser aux petites attentions envers votre entourage : notez les anniversaires et apportez une petite bricole. Lorsque vous recevez vos amis, réfléchissez à ce qu'ils aiment et placez sur votre table de bonnes bouteilles et des gourmandises.

La vraie générosité ne passe pas par le compte bancaire mais par le cœur : soyez disponible pour vos proches, rendez-leur de petits services au quotidien qui prouvent que vous êtes une personne sur qui compter.

Conseil de Potterhead. *Donnez pour mieux recevoir !*

« Les règles habituelles ne paraissent pas s'appliquer à vous, Potter. Le maléfice qui a failli vous tuer semble avoir établi une sorte de connexion entre vous et le Seigneur des Ténèbres. L'observation laisse penser qu'à certains moments, lorsque votre esprit est le plus détendu et le plus vulnérable – quand vous êtes endormi par exemple –, vous partagez ses pensées et ses émotions. Le directeur estime qu'il n'est pas souhaitable que cette situation se prolonge. Il désire donc que je vous apprenne à interdire l'accès à votre esprit au Seigneur des Ténèbres. »

– Rogue,
Harry Potter et l'Ordre du Phénix (2003)

Harry contourne parfois les règles

« C'est amusant de ne pas respecter
le règlement !
— Qui êtes-vous et qu'avez-vous fait
à Hermione Granger ? »

– *Harry Potter et l'Ordre du Phénix* (2007)

Le monde de Poudlard est plein de règles et de règlements, régis par les préfets des maisons et contrôlés par les professeurs, Dumbledore en tête. Harry comprend vite qu'il doit parfois contourner ces règles. Il ne le fait jamais dans le but d'en tirer un bénéfice ou avec de mauvaises intentions. À chaque fois que Harry triche, c'est pour pouvoir mener à bien sa mission ou sortir d'une mauvaise passe. Ron et Hermione représentent chacun une facette de la personnalité de Harry et agissent comme deux mini-consciences, l'une bénéfique qui le pousse à toujours respecter le règlement (Hermione) et l'autre qui cherche toujours à lui faire contourner les règles (Ron).

Quand il revêt sa Cape d'Invisibilité, cela lui permet de se promener la nuit malgré le couvre-feu dans les couloirs de Poudlard sans être vu ou d'écouter la conversation entre Lucius Malefoy, Cornelius Fudge et Dumbledore (*Harry Potter et la Chambre des secrets*). Quand il utilise la magie en dehors de l'école (« *Expecto patronum* », en présence de Dudley), c'est pour faire fuir les Détraqueurs. Cela lui vaudra d'ailleurs une lettre de renvoi de la part de Mafalda Hopkrik et une convocation au ministère de la Magie. Même Dumbledore, le directeur de Poudlard, souligne que Harry possède un « certain mépris pour les règlements ». C'est pourtant en grande partie à cause de lui – ou grâce à lui ! – que Harry parvient à tricher. C'est notamment lui qui lui a offert la Cape d'Invisibilité…

Si les lois régissent notre pays et que l'on ne peut s'en affranchir, certains règlements tirés par les cheveux méritent quelquefois d'être contournés. C'est souvent le cas dans le monde du travail ou certaines procédures sont très codifiées. Gardez votre propre discernement et sachez prendre des initiatives, vous affranchir de quelques règles absurdes. Vous ne pouvez bien sûr pas vous en passer systématiquement : les règles existent et méritent d'être respectées, ne serait-ce que pour garantir l'égalité entre tous, ce à quoi Harry Potter tient beaucoup !

Conseil de Potterhead. *Respectez les règles pour mieux pouvoir les contester !*

« Je ne veux pas parler de ce que je ressens,
compris ?
— Harry, souffrir ainsi
prouve que tu es toujours un homme !
Cette douleur fait partie de l'être humain…
— **ALORS JE NE VEUX PAS ÊTRE HUMAIN !**
rugit-il. »

– Harry et Dumbledore,
Harry Potter et l'Ordre du Phénix (2003)

HARRY GARDE LE CONTRÔLE

« Concentrez-vous à présent… Maîtrisez-vous ! Contrôlez votre colère, disciplinez votre esprit ! »

– Rogue,
Harry Potter et l'Ordre du Phénix (2007)

Harry est en proie à de nombreuses émotions fortes et contradictoires. Il est très intelligent et a pressenti très vite le comportement particulier de ses camarades envers lui, les espoirs que ses professeurs placent en lui, le poids de son histoire passée, sa sensibilité exacerbée…

Harry est tiraillé entre deux de ses professeurs, qui cherchent chacun à lui inculquer une méthode spécifique pour lutter contre son trop plein d'émotions. Le professeur Rogue veut lui apprendre à garder la maîtrise : pour ce stoïcien, les émotions n'ont pas leur place et détournent du véritable objectif. Si l'on n'arrive pas à jeter un voile dessus et à nier leur existence, il faut apprendre à les dompter. Le professeur Dumbledore adopte une autre posture : il voudrait apprendre à Harry à accueillir ses émotions, à les écouter pour mieux les appréhender.

Si vous avez une personnalité ultrasensible, vous pouvez tenter ces deux approches différentes. La technique de Rogue demande une grande maîtrise de soi, beaucoup de contrôle, et peut épuiser. Elle peut être efficace si vous arrivez à scinder votre univers. Par exemple, si vous avez des responsabilités dans le monde du travail, dissimuler vos émotions et vous astreindre à cette discipline peut s'avérer utile. Toutefois, il vous faut arriver, une fois basculé dans la sphère privée, à être à l'écoute de vous-même et à accepter le trop-plein d'émotions comme faisant partie de vous.

Pour accueillir les émotions qui débordent de vous, il faudra réussir une grande introspection, ou plutôt une extrospection : modifier votre point de vue et avoir une vision extérieure de votre ressenti. Tel un médecin qui ausculte, vous pouvez vous interroger vous-même sur « Qu'est-ce que je ressens en ce moment ? Quel message mon corps m'envoie ? Quand ai-je déjà ressenti la même émotion ? Quel élément a déclenché cette réaction ? Comment me sentais-je hier, ou ce matin au réveil ? ». Autant de petites questions qui vous permettront d'accéder à votre diagnostique émotionnel.

Contrairement à Rogue, sachez accueillir toutes les émotions que vous pourrez rencontrer : oui, vous avez le droit de ressentir de la tristesse, de la jalousie, de la colère… Si vous êtes prêt à accepter cette émotion, et que vous êtes d'accord avec ça, elle partira d'elle-même telle une vague ou un nuage qui se place devant le soleil puis s'en va.

Si vos émotions vous submergent parfois, vous pouvez appliquer des petits trucs et astuces qui feront redescendre automatiquement la pression, en appliquant un changement sensoriel : changez de pièce, rafraîchissez-vous le visage, baissez l'éclairage ou le volume sonore, éteignez les écrans ou source parasite. Les personnes en proie au grand stress mettent parfois au point des techniques très discrètes, comme frapper chaque empreinte de leurs doigts contre l'empreinte du pouce de l'auriculaire à l'index puis dans l'autre sens, ou visualiser l'air qui rentre par les narines et circule dans tout le corps.

Cultivez vos émotions positives ! Les sens sont sources d'émotions et les petits moments de la vie quotidienne, les joies de la nature, sont autant de petits instants à cueillir pour profiter du bonheur et des plaisirs de la vie : un plat épicé qui titille nos papilles ou une gourmandise sucrée qui rassure, une odeur familière qui nous rappelle notre enfance et la sérénité d'un temps passé, une fleur qui naît, une épaule amie sur laquelle s'appuyer ou un cou contre lequel se blottir… Pour avoir accès à tous ces petits bonheurs, « le sel de la vie », et mieux contrôler ses émotions, il faut savoir les décrypter et être prêt à être chamboulé… Comme le dit si bien Ginny Weasley : « Tout est possible, du moment qu'on a assez de cran ».

Conseil de Potterhead. *Acceptez vos émotions pour mieux les contrôler !*

QUEL PROFESSEUR DE POUDLARD ÊTES-VOUS ?

Gryffondor, Serpentard, Poufsouffle ou Serdaigle, vous savez certainement quelle maison le Choixpeau vous aurait attribuée lors de votre rentrée des classes... Mais si vous passiez de l'autre côté du tableau, quel professeur de Poudlard seriez-vous ? Découvrez grâce à ces neuf questions qui de Rogue, Lupin, Trewalney, Dumbledore ou McGonagall sommeille en vous !

Question 1 : Le jour de la rentrée…

Sur chaque bureau se trouve un livre, un cahier, et on attaque ! Pas de temps pour les baratins !

Votre discours est bien rodé, vous circulez de classe en classe en rappelant le règlement et les attentes de l'établissement, vous les mettez dans leur rôle d'élève en moins de cinq minutes.

Vous distribuez une petite fiche à compléter : nom, prénom, date de naissance, profession des parents, frères et sœurs…

Vous accueillez les élèves en musique et avez disposé des fleurs dans la classe.

Vous avez concocté un *escape game* pour que vos élèves retrouvent la bonne salle de classe et créent une décoration collective.

Question 2 : C'est le moment de l'évaluation…

Votre truc à vous, c'est l'innovation pédagogique : vous établissez un plan de travail personnalisé avec des objectifs adaptés à chaque élève.

Questions de cours, analyse de documents, recherches… vous êtes adepte des « méga-évaluations » de fin de trimestre.

Chaque cours commence par une petite évaluation notée qui reprend la leçon précédente et qui est corrigée de suite.

Le par cœur c'est bien, mais vous souhaitez surtout que vos élèves apprennent à penser par eux-mêmes !

Vous n'êtes pas très branché évaluation, vous préférez observer vos élèves et rédiger une appréciation personnalisée.

Question 3 : Pendant un voyage scolaire…

Vous supervisez les déplacements et êtes à l'affût du moindre problème.

Vous avez distribué à chaque groupe le programme et l'itinéraire avec des défis entre chaque étape.

Vous énoncez votre liste de consignes et les sanctions correspondantes avant le départ.

Vous avez du mal à vous détendre, vous auriez préféré rester à l'école.

Vous allez boire une Bièraubeurre avec les élèves.

Question 4 : Une bagarre entre deux élèves éclate…

Une bagarre ? Où ça, une bagarre ? Il y a tellement de chahut on ne s'entend pas !

Vous leur mettez deux heures de colle chacun et prévenez leurs parents.

Vous les renvoyez *manu militari*. Que ceux qui ne veulent pas apprendre laissent les autres travailler.

Vous les convoquez dans votre bureau et cherchez à comprendre ce qui s'est passé.

Vous organisez un exposé-débat où chaque élève doit expliquer à la classe les raisons de leur différend.

Question 5 : Pour la fête de fin d'année…

Vous en profitez pour dresser le portrait de chaque élève avec le prof de l'année prochaine.

Vous coordonnez les différentes allées et venues et vous tenez disponible pour les parents qui souhaitent échanger avec vous.

Vous dansez avec vos élèves sur la piste.

Vous avez prévu un grand jeu de société par équipe qui reprend toutes les compétences de l'année.

Vous n'aimez pas les fêtes, vous vous êtes concocté une excuse sur mesure pour justifier votre absence.

Question 6 : Lors des rencontres parents-profs…

Vous restez sous le charme de vos anciennes copines de classes devenues mères d'élève, vous avez du mal à faire la part des choses…

Vous avez des graphiques des résultats de chaque matière et avez noté les points positifs et les points à améliorer.

Vous adorez discuter de tout et de rien avec les parents… Si vous n'oubliez pas les rendez-vous !

Vous recevez dans votre bureau, vous faites le bilan et évoquez l'orientation future avec les parents.

Vous préférez échanger directement avec les élèves.

Question 7 : Votre matière magique préférée…

Le cours de potions.

Le cours de sortilèges.

Le cours de défense contre les forces du Mal.

Le cours de métamorphoses.

Le cours de divination.

Question 8 : Sur votre bureau…

Un seul énorme cahier annoté plein de post-it qui fait office d'agenda-livre-carnet.

Pas besoin de sac, il vous suffit de claquer des doigts pour qu'apparaisse ce dont vous avez besoin.

Depuis des années, votre bureau est bien rempli mais tout est très organisé et étiqueté.

Des piles de papiers s'amoncèlent, des tasses de café, des objets étranges… c'est un vrai bric-à-brac !

Vous naviguez entre le tableau, la bibliothèque, les affiches au mur… Votre bureau est l'école entière !

Question 9 : Votre look…

Vous n'êtes pas une personne très extravagante, vous préférez miser sur la sobriété.

Qu'il pleuve ou qu'il vente, vous n'avez qu'une seule tenue. Le total look noir vous sied parfaitement pour aller travailler.

Jean, chemise, votre look est indémodable et passe-partout.

Costume, chapeau, et surtout prestance… un seul coup d'œil sur votre style suffit à vous identifier comme le chef !

Imprimés, couleurs, accessoires dans les cheveux… vous êtes résolument excentrique ! Vous ne vous refusez rien…

Comptez vos points !
Vous avez...

Un max de  : vous êtes le professeur Rogue, le professeur de potions !

Severus Rogue est un professeur exigeant et strict. Il propose des cours difficiles et aime la précision. Il a beaucoup d'attentes envers ses élèves et n'hésite pas à les punir dès qu'il y a besoin. Il a des airs rigides sous lesquels il arrive à cacher ses sentiments. C'est une personne fiable sur laquelle les élèves peuvent toujours compter !

Dans le monde moldu, le professeur Rogue serait professeur de physique-chimie.

Un max de  : vous êtes le professeur Dumbledore, le directeur de Poudlard !

Albus Dumbledore est la voie de la sagesse, la force tranquille. Il représente l'établissement et veille à ce que toutes les règles soient respectées. Il peut paraître sévère mais il est toujours juste. Il a une aura naturelle et se présente comme un pilier de l'école.

Dans le monde moldu, le professeur Dumbledore serait le proviseur.

Un max d' : vous êtes la professeure McGonagall, la professeure de métamorphoses !

Minerva McGonagall est une professeure d'un autre temps. Elle tient beaucoup aux traditions et à la réputation de son établissement. Elle enseigne avec des méthodes rétrogrades mais qui ont fait leurs preuves. Elle essaie de mettre de la distance entre ses élèves et elle, mais veille toujours sur eux avec fermeté et bienveillance.

Dans le monde moldu, la professeure McGonagall serait professeure de philosophie.

Un max de : vous êtes la professeure Trelawney, la professeure de divination !

Sibylle Trelawney est une professeure à part. Son look excentrique lui donne un côté décalé, mais ce côté décalé est également présent dans sa personnalité : tête en l'air, tour à tour dans la lune ou survoltée… Elle ne semble pas voir les élèves et est complètement dans sa bulle.

Dans le monde moldu, la professeure Trelawney serait professeure d'arts plastiques.

Un max de 💀 : vous êtes le professeur Lupin, le professeur de défense contre les forces du Mal !

Remus Lupin est un professeur impliqué, juste et qui sait motiver ses élèves. Il se sert de ses propres faiblesses pour accompagner sa classe à réfléchir et à vivre ensemble. Il fait vivre de nouvelles expériences à ses élèves et est toujours à leur écoute.

Dans le monde moldu, le professeur Lupin serait professeur d'histoire-géographie.

Bibliographie et filmographie

Bibliographie

Bridonneau Damien, *Harry Potter et l'histoire*, Éditions de l'Opportun, 2020.

Chaillan Marianne, *Harry Potter à l'école de la philosophie*, Éditions Ellipses, 2015.

Milner Jean-Claude, *Harry Potter à l'école des sciences morales et politiques*, Éditions PUF, 2014.

Rowling J. K., *Harry Potter à l'école des sorciers*, Gallimard, 1998.

Rowling J. K., *Harry Potter et la Chambre des secrets*, Gallimard, 1999.

Rowling J. K., *Harry Potter et le Prisonnier d'Azkaban*, Gallimard, 1999.

Rowling J. K., *Harry Potter et la Coupe de feu*, Gallimard, 2001.

Rowling J. K., *Harry Potter et l'Ordre du Phénix*, Gallimard, 2003.

Rowling J. K., *Harry Potter et le Prince de sang-mêlé*, Gallimard, 2005.

Rowling J. K., *Harry Potter et les Reliques de la Mort*, Gallimard, 2007.

Filmographie

Colombus Chris, réalisateur. *Harry Potter à l'école des sorciers.* 2001. Warner Bros. Pictures.

Colombus Chris, réalisateur. *Harry Potter et la Chambre des secrets.* 2002. Warner Bros. Pictures.

Cuarón Alfonso, réalisateur. *Harry Potter et le Prisonnier d'Azkaban.* 2004. Warner Bros. Pictures.

Newell Mike, réalisateur. *Harry Potter et la Coupe de feu.* 2005. Warner Bros. Pictures.

Yates David, réalisateur. *Harry Potter et l'Ordre du Phénix.* 2007. Warner Bros. Pictures.

Yates David, réalisateur. *Harry Potter et le Prince de Sang-Mêlé.* 2009. Warner Bros. Pictures.

Yates David, réalisateur. *Harry Potter et les Reliques de la Mort, partie 1.* 2010. Warner Bros. Pictures.

Yates David, réalisateur. *Harry Potter et les Reliques de la Mort, partie 2.* 2011. Warner Bros. Pictures.

Imprimé en Espagne par
Liberdúplex
à Sant Llorenç d'Hortons (Barcelone)
en septembre 2021

ISBN : 9782380153309
Dépôt légal : octobre 2021

X15330/61